《山西文華》編纂委員會 編

山西出版傳媒集團
三晉出版社

山西文華·史料編

解州安邑縣運城志

第一冊
卷首至卷五

清 陳克鋐等◎修 清 熊名相等◎纂

圖書在版編目(CIP)數據

解州安邑縣運城志 / (清)陳克鉉等修;(清)熊名相等纂. —太原: 三晋出版社, 2018.11

ISBN 978-7-5457-1758-7

Ⅰ. ①解… Ⅱ. ①陳… ②熊… Ⅲ. ①運城—地方史— 明清時代 Ⅳ. ①K292.53

中國版本圖書館 CIP 數據核字(2018)第 219589 號

解州安邑縣運城志

修　　者: 〔清〕陳克鉉等
纂　　者: 〔清〕熊名相等
責任編輯: 董潤澤
特約編輯: 張仲偉
封扉設計: 山西天目·王明自

出 版 者: 山西出版傳媒集團·三晋出版社（原山西古籍出版社）
地　　址: 太原市建設南路 21 號
郵　　編: 030012
電　　話: 0351-4922268（發行中心）
0351-4956036（總編室）
0351-4922203（印製部）
網　　址: http://www.sjcbs.cn

經 銷 者: 新華書店
承 印 者: 山西人民印刷有限責任公司

開　　本: 700mm × 1000mm　1/16
印　　張: 37.25
字　　數: 250 千字
版　　次: 2018 年 11 月　第 1 版
印　　次: 2018 年 11 月　第 1 次印刷
書　　號: ISBN　978-7-5457-1758-7
定　　價: 200.00 圓（全二册）

ISBN 978-7-5457-1758-7

《山西文華》編纂委員會

主　任　樓陽生

顧　問　廉毅敏

副主任　張復明

委　員　李福明　李　洪　郭　立　閻潤德
李海淵　武　濤　劉潤民　雷建國
張志仁　李中元　閻默彧　安　洋
梁寶印

編纂委員會辦公室

主　任　安　洋（兼）

常務副主任　連　軍

出版説明

山西東屏太行，西瀕黄河，北通塞外，南控中原，是中華民族的主要發祥地之一。中華文明輝煌燦爛，三晋文化源遠流長。歷史文獻豐富，文化遺産厚重，形成了兼容並包、積澱深厚、韵味獨特的晋文化。山西省政府决定編纂大型歷史文獻叢書《山西文華》，以彙集三晋文獻、傳承三晋文化、弘揚三晋文明。

《山西文華》力求把握正確方向，尊重歷史原貌，突出山西特色，薈萃文化精華，按照搶救、保護、整理、傳承的原則整理出版圖書。叢書規模大，編纂時間長，參與人員多，特將有關編纂則例簡要説明如下。

一、《山西文華》是有關山西現今地域的大型歷史文獻叢書，分「著述編」「史料編」「圖録編」。每編之下項目平列；重大系列性項目，按其項目規模特徵，制定合理的編纂方式。

二、「著述編」以一九四九年十月一日前山西籍作者（含長期在晋之作者）的著述爲主，兼收今人有關山西歷史文化的研究性著述。

三、「史料編」收録一九四九年十月一日前有關山西的方志、金石、日記、年譜、族譜、檔案、報刊等史料，以影印爲主要整理方式。

四、「圖録編」主要收録一九四九年十月一日前有關山西的文化遺産精華，包括古代建築、壁畫、彩塑、書畫、民間藝術等，兼收古地圖等大型圖文資料。

五、今人著述采用簡體漢字横排，古代著述采用繁體漢字横排。

《山西文華》編纂委員會

出版前言

對人類而言，鹽、食物和水同等重要。故而先民的繁衍生息，無不傍水而居，其基本用意在採鹽而食。山西運城的鹽池，居晉、陝、豫三省交界處，考古發掘證明，環鹽池而居的先民遺址，遠多於其他地區，因而學界一致認爲，鹽池是中華民族的重要發祥地，中華文明的起源處之一，由此可見運城鹽池之於中華文明之重要意義。

運城的鹽，孕育了晉南的經濟、交通乃至文明，自漢至清，鹽池的作用，不曾稍減。歷朝统治者無不依爲利税之源，而商業也因此得以繁盛。晉商的大宗贸易起先即爲鹽，因此，有關鹽池的史料，是研究山西史乃至中國史的一把重要鑰匙。

有鑒於此，山西大型歷史文獻出版工程《山西文華》，將有關鹽池的史料，作爲叢書「史料編」的重要部分予以收集。

《解州安邑縣運城志》（下簡稱《運城志》），是一部重要的鹽池史料。其書成於清乾隆二十八年（一七六三），由當時河東等處鹽運使司組織當地官僚鄉紳編纂。書前有二序，其序一述編志原因云：「鹺海（指鹽池）雄於全晉，專治實在運城……運城何必有志？盖運城之爲地也，商通三省，人集五方，城池墠壝，官師學校雖地統安邑而體制自備。縣志但学渾而賅之，未便縷析，喧客奪主。若鹽法諸志，於鹽政加詳；又統轄者廣，卷帙浩繁，固不得謂運城專志矣。」其序二云：「運城，安邑之路村也。地逼鹽池，富商雲集，巡鹽察院與鹽運使均駐節於此。因爲財賦重地，甓甃堅城，以嚴保障。其間商民錯處，一切編户保甲，大小獄訟，悉於安就理焉。何以析而志之？蓋有城不可無志也。既已割邑之方隅而設城，則亦可析邑之建置而成志。且其壇壝、學校、官師、武備、坊市、保甲及報祭賓興諸典禮規制具備，儼與邑等，非猶是尋常本市鄉堡，祇成聚落而已。爲之別纂一志，則雖户口里居，仍比附邑中，而綱舉目張，條分縷析，實與邑志相蒙而不相混，俾觀風者殿卷瞭如，分而考之，仍得合而參之，詎不善歟！」二序所言，均認爲運城雖行政上隸屬安邑，實則爲一「經濟特區」，且爲一建置完整之區域，因須有志記之，方可完整記載其史事，以此視之，《運城志》實乃中國古代志書中體制特別之專志，既爲專志，而又區別於山志、水志等，有行政職能，社會形態，因而此志之特殊性，在中國修志史上，也不特在記載鹽池一地之運轉史實，應予以特別之重視。

此志之編纂，其方法一如地方行政區之志書。其先爲運城八圖，依次爲「運城圖」「察院圖」「運使署圖」「分駐州判署圖」「運學圖」「鹽池全境圖」「鹽池圖」「池神廟圖」，由此可見鹽池專區的特色，尤其「鹽池圖」清晰詳細，使讀者可一窺清中期鹽池全貌，也是全覽其文字的重要參考。全書結構也一如地方志書，共分十六卷，依次爲卷一沿革、疆域（附行鹽地方），卷二鹽池（渠堰附）、風俗、物産，卷三城池（坊里、市集附）、廟壇、公署（倉舍附），卷四學校（書院、義學附）、課賦、兵防，卷五職官、宦績，卷六選舉，卷七選舉（貢生、例仕、例貢、武秩、封蔭附），卷八、卷九人物，卷十列女，卷十一古蹟（寺觀附）、祥異，卷十二至卷十五藝文，卷十六紀事、雜志，觀其分卷紀事及紀事順序，與普通方志無異，唯「疆域」中附「行鹽地方」，并專列鹽池（附渠堰），顯出其特色。然全書所記，實與鹽池生産、運輸、管理諸多相關。

具體而言，其一，卷一「沿革」，首述名稱：「運城一名路村，近郇瑕故地，歷代以來皆屬安邑，因運司駐劄，故名運城（又名鳳凰城）。」又記：「元時姚行簡建議修池掌榷，始立司於路村。」則知有關鹽池由政府的正規管理，始於元，距今約八百年。自元，歷明、清，鹽池於人民生活，於政府税收，於商業繁盛，均至關重要。其二，卷二「鹽池」，詳述鹽池之名稱、方位，小池分布變迁以及産鹽之利，生産和管理方式，是此書重点。其核心思想在順乎自然，趨利避害，打擊盜採、盜運，增加政府税收，保證平民利益。卷三述公署建置，并附倉舍，皆與産鹽相關，與卷二可視爲一體。卷五之「職官」，自漢始，歷西魏、隋、唐、五代，以至清代，與「宦績」相輔，是本志内容最多者，可見出歷代對鹽池之高度重視，也可見爲官者在鹽池保護、生産、開發等方面的歷史。其中述元「姚行簡，太宗癸巳年命修理鹽池，行簡繪圖以獻，上可之。乃立司於池之北滸曰路村。仍命行簡專掌鹽賦，乃課其績，以從仕爲最，遂改授承事郎，充解鹽使」。此可补卷一首述鹽池之不足，并表出姚行簡在鹽池發展史上的特殊貢獻。又有遂寧張鵬翮任職於此，政績卓著，終成天下名宦。因此，「職官」與「宦績」兩部分，是考察鹽池管理史、生産史及宦績史的核心部分。其三，學校、選舉與藝文、紀事等卷，是《運城志》的文化部分，由此，可見鹽池之富，帶來人才輩出，文化繁盛。其中值得重視者，一爲書院集中，且興辦久遠，明正德年間，建河東書院，天啓年間，建宏運書院，又建義學，扶植貧寒學子，培養大量人才。「藝文」中，有《池神廟記》《池神祠頌》《重修池神祠記》《重修解池垣塹記》《河東鹽池賦》《重建鹽池神池記》《渠堰志》《重築池墻志》《建河東書院記》《運司學進士題名記》《運司學舉人題名記》《海光樓賦》等。其中李東陽、王九思、吕柟等，均爲明清時期的文章名家，而諸文之記，可從各方面見證運城鹽政及文化的歷史面貌，又是珍貴的史料。尤其值得一記者，卷十一「祥異」部分首記：「漢永初六年，河東池水变色，赤如血。」此或與蚩尤之血化成鹽池的傳説相關，而为當今常見鹽池成五彩之色，在古人而言，早有見之，唯不知其因，故以「祥異」記之。

二〇一八年，三晋出版社以清乾隆《解州全志》本爲底本影印出版了《解州安邑縣運城志》一書，收入《山西文華》叢書，使这一富有特色的河東鹽業史料，再現於世，爲河東鹽業史研究的深入開展，提供了又一重要史料來源。

郭建平

二〇一八年十月

目録

第一册

第二册

卷之十二

卷之十三

卷之十四

卷之十五

卷之十六

安邑縣運城志序

鹺海雄於全晉尊治實在運城
事詳運司鹽法兩志中運城何
復有志且志安邑矣運城何別
有志蓋運城之爲地也商通三
省人集五方城池墠壝官師學
校雖地統安邑而體制自備縣
志但渾而賅之未便縷析喧客

奪主若鹽法諸志於鹽政加詳
又統轄者廣卷帙浩繁固不得
謂運城專志矣且夫運城統有
運司所以護池保鹽疏引裕課
其事則掌之鹽官而其地則固
有司之所領也故利弊之興廢
事宜之沿革苟有係於地方者
必共相酌劑以歸於盡善是以

有司亦欲得其大概以求補救勗勸之術不有專志曷以叅考得失令即於全志中別具一帙意約言該如裘挈領若網在綱而其體例亦有不同者大抵涉鹽法則文從其減涉地方則不厭其詳所以示別亦以昭備云爾歲壬午

上官念運城為重地請於
朝移州倅以駐之擇賢能者以委
任之於以見鹽法與地方均為
國計民生之大重其事備其書何
妨於運司鹽法兩志外更勒一
書且於安邑志而外分為專志
也志成州佐熊君邑宰呂君偕
孝廉張屺明經王企屺竇共襄

斯役云
乾隆二十八年歲次癸未仲冬
長至之日解州直隸州知州言
子七十五世孫如泗撰

安邑縣運城志序

運城安邑之路村也地逼鹽池富商雲集巡鹽察院與鹽運使均駐節於此因為財賦重地甓甃堅城以嚴保障其間商民錯處一切編戶保甲大小獄訟悉於安就理焉茲何以析而志之蓋有城不可無志也既已割邑之方隅而設城則亦可析邑之建置而成志且其壇壝學校官師武備坊

市保甲及報祭賓興諸典禮規制具備儼與邑等非猶是尋常村市鄉堡祇成聚落而已為之别纂一志則雖户口里居仍比附邑中而綱舉目張條分縷析實與邑志相蒙而不相混俾觀風者展卷瞭如分而攷之仍得合而叅之詎不善歟其他因革損益凡有關鹽政者備載運司鹽法志斯又可畧而弗悉矣故城與邑埒而志

不及外郛示有統也城以運名而志
不詳鹽務示有別也酌定詳畧彙輯
成編時與商訂者移駐監州熊公創
意分立而綜其成者州守言公也
乾隆二十八年歲次癸未仲冬月直
隸解州安邑縣知縣呂瀶識

解州安邑縣運城志

總脩

河東等處鹽運使司運同陳克鋐

山西解州直隸州知州軍功加一級言如泗

纂脩

直隸解州州判分駐運城熊名相

安邑縣知縣呂瀶

運學教授崔映淮

運學訓導楊藜光

舉人候選知縣張屺

歲貢候選訓導王企屺

同脩

原盛京刑部員外劉第俊

候補主事郭夢龍

候補主事張爾溱

戶部廣東司主事劉肇銓

光祿寺署正劉晉英

校錄

生員

王安恭　張榆　張檢　王思恭

王　烜　張倬章　張志章　岳　崲

督刊

鹽池司巡檢候補縣丞黃　斌

長樂司巡檢孫之震

聖惠司巡檢董士琪

安邑縣典史周永達

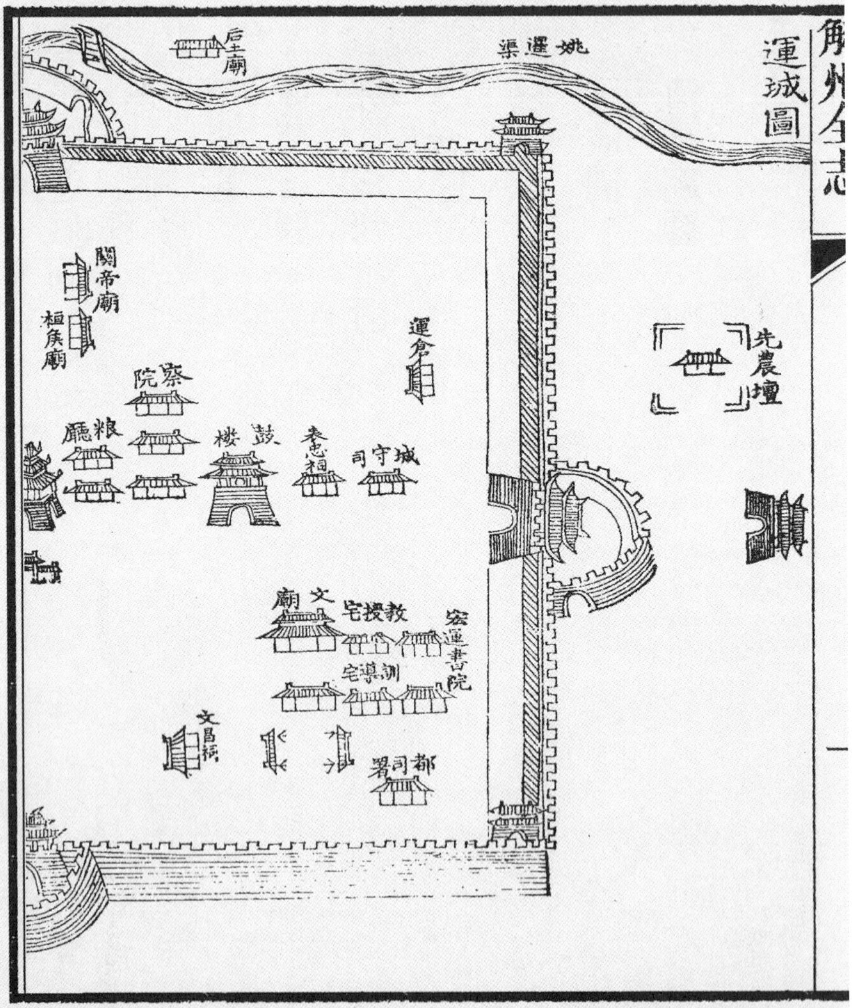
解州全志
運城圖
姚運渠
后土廟
關帝廟
桓侯廟
運倉
先農壇
察院
糧廳
鼓樓
孝忠祠
城守司
文廟
教授宅
宏運書院
訓導宅
文昌祠
都司署

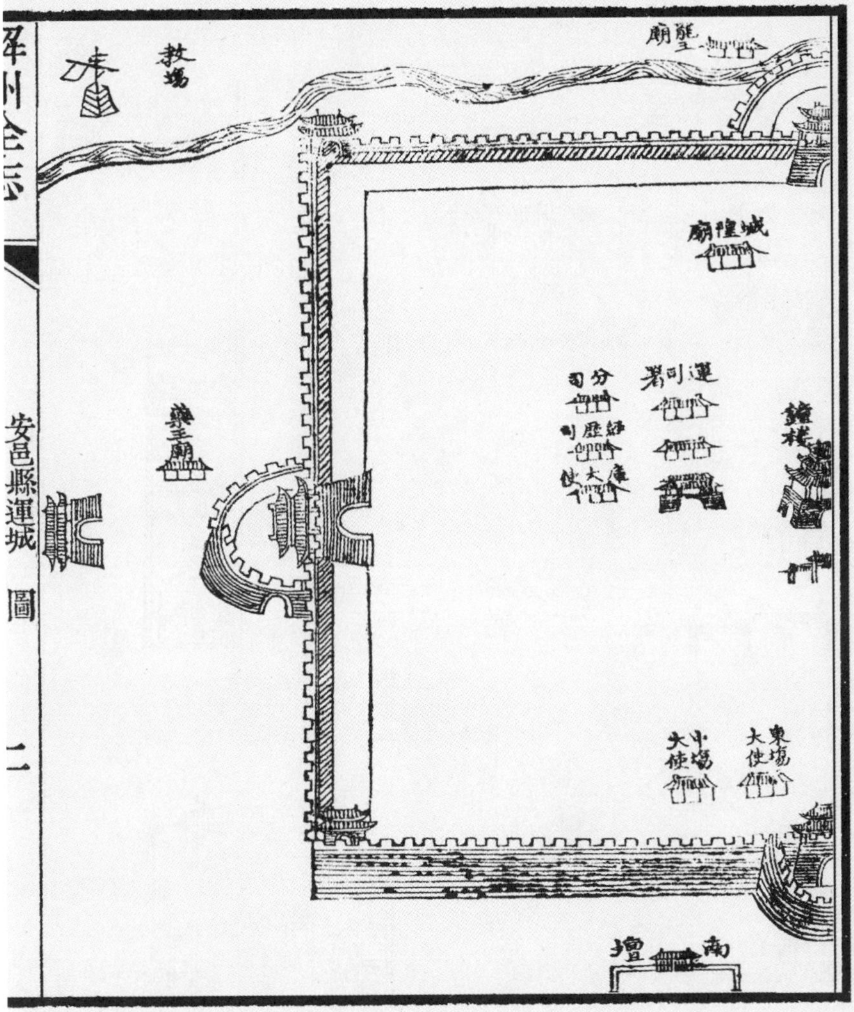
安邑縣運城圖　二
教場
聖廟
城隍廟
運司署
分司
經歷司
庫大使
鐘樓
中場大使
東場大使
南壇

察院圖

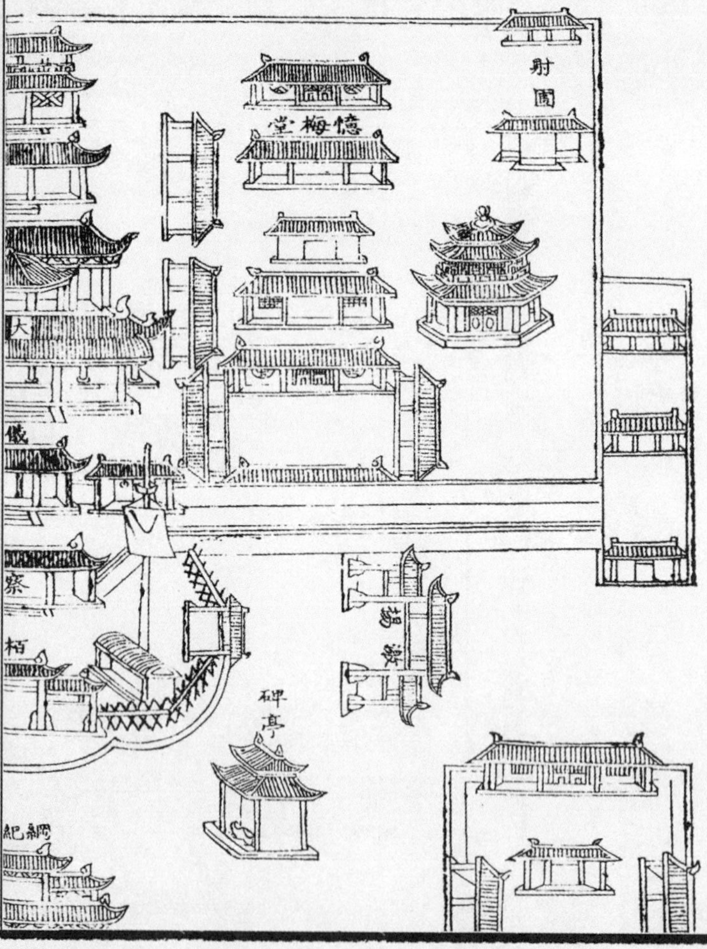

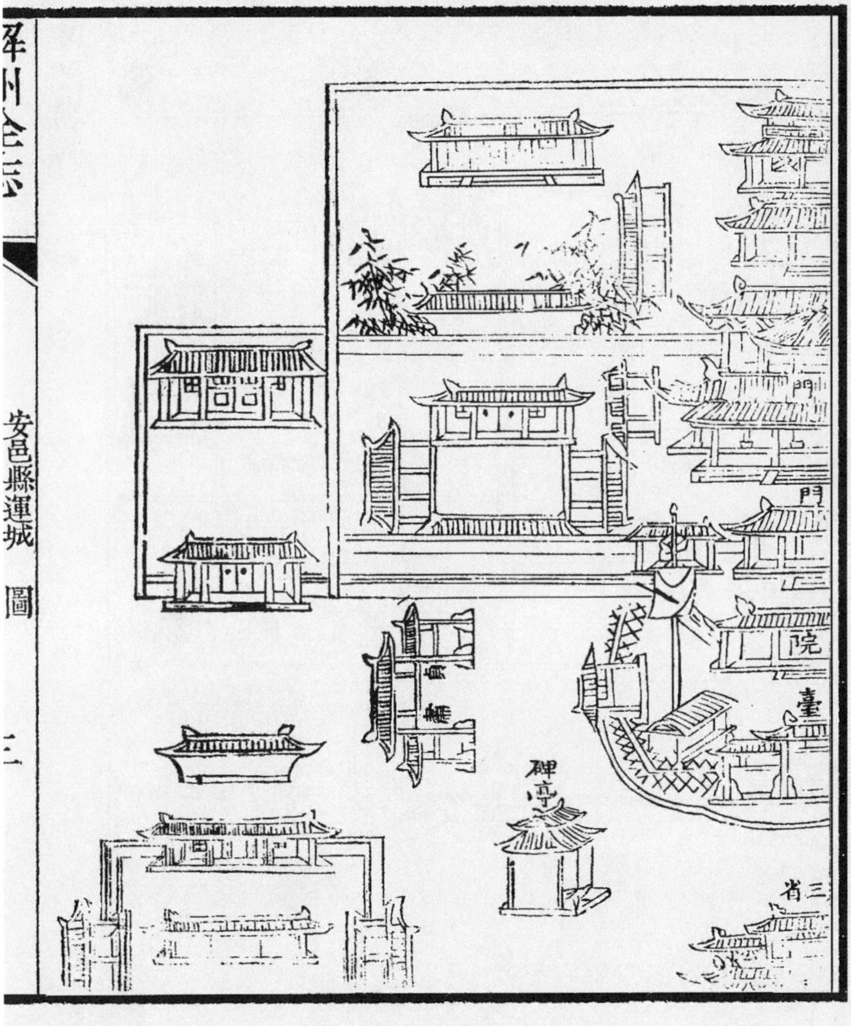
解州全志
安邑縣運城　圖　三
門
門
院
臺
碑亭

運使署圖

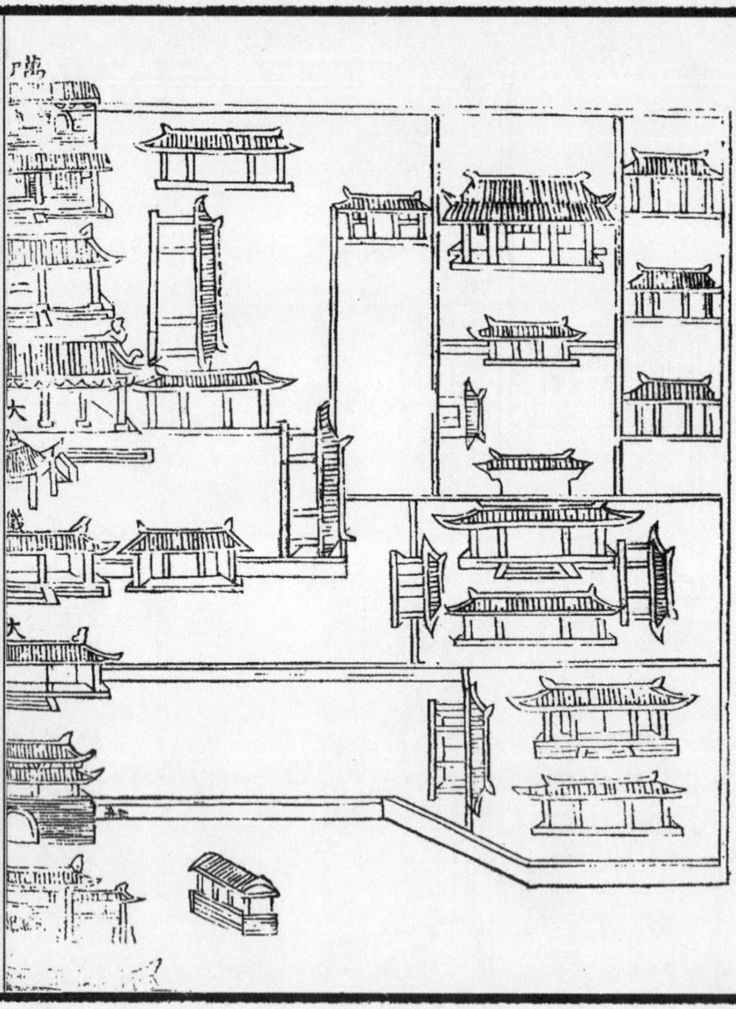

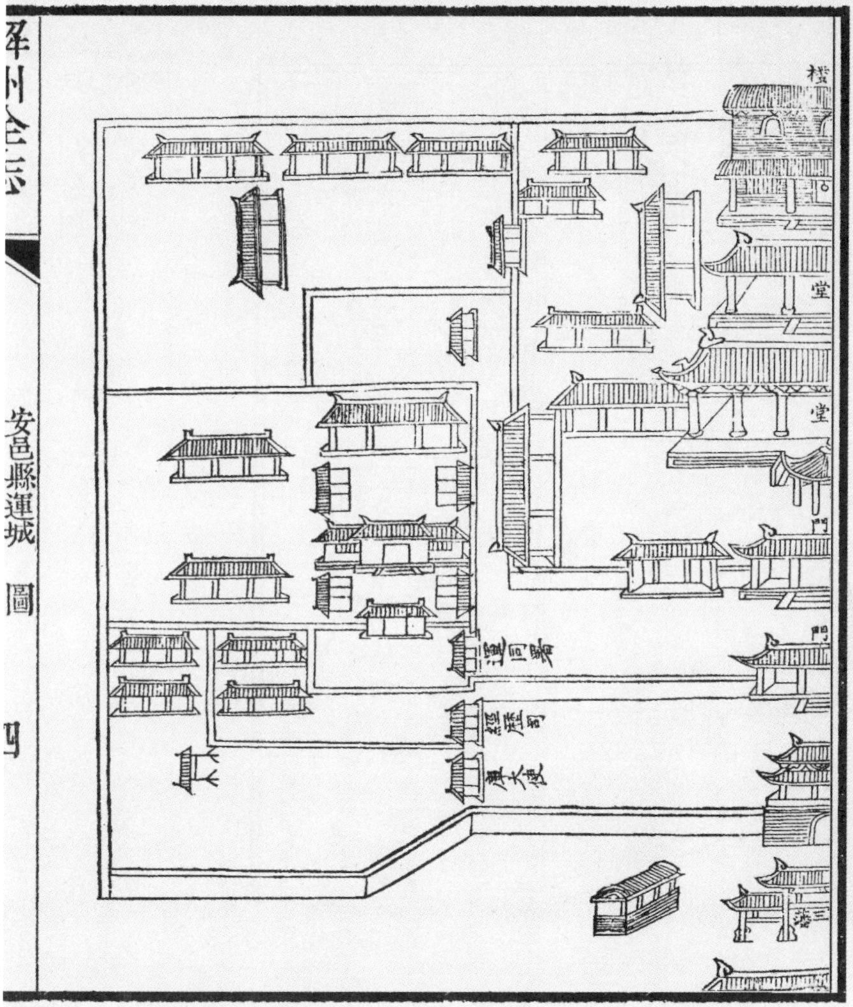

解州全志
安邑縣運城圖
四
樓
堂
堂
門
門
運同署
經歷司
庫大使

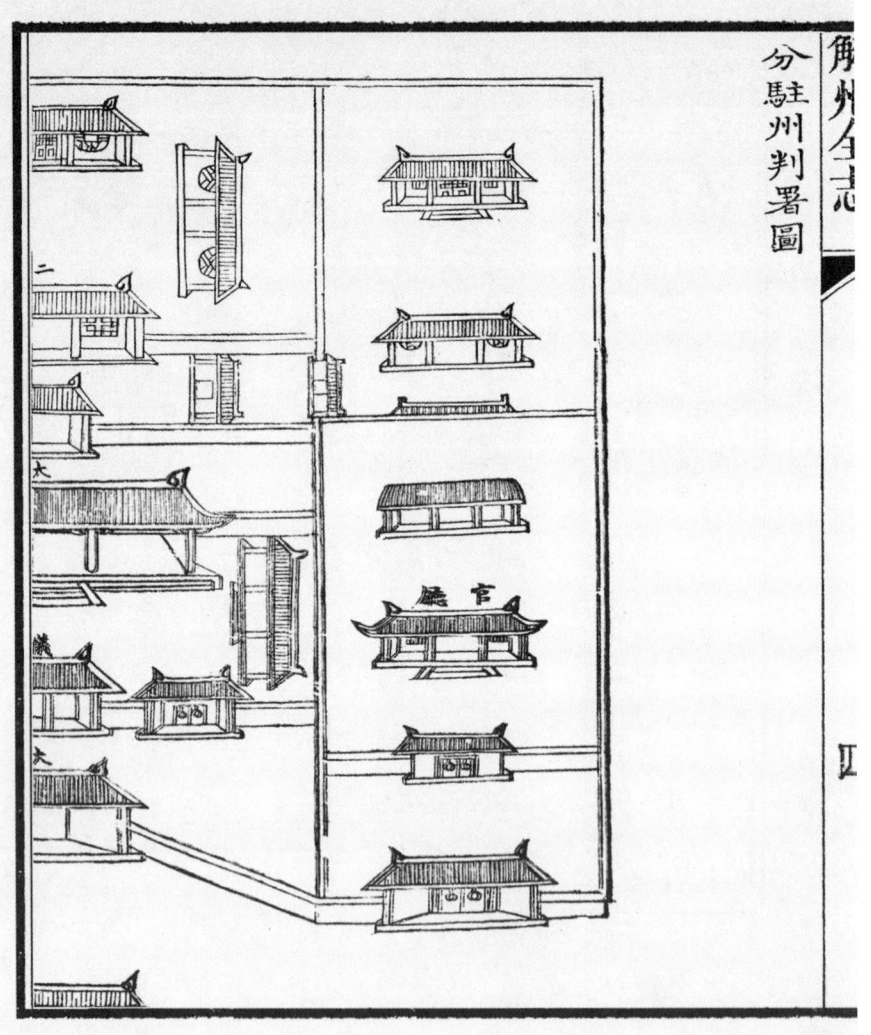

分駐州判署圖

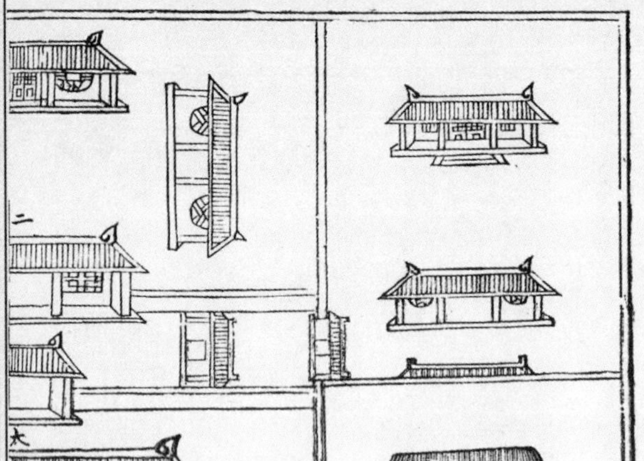

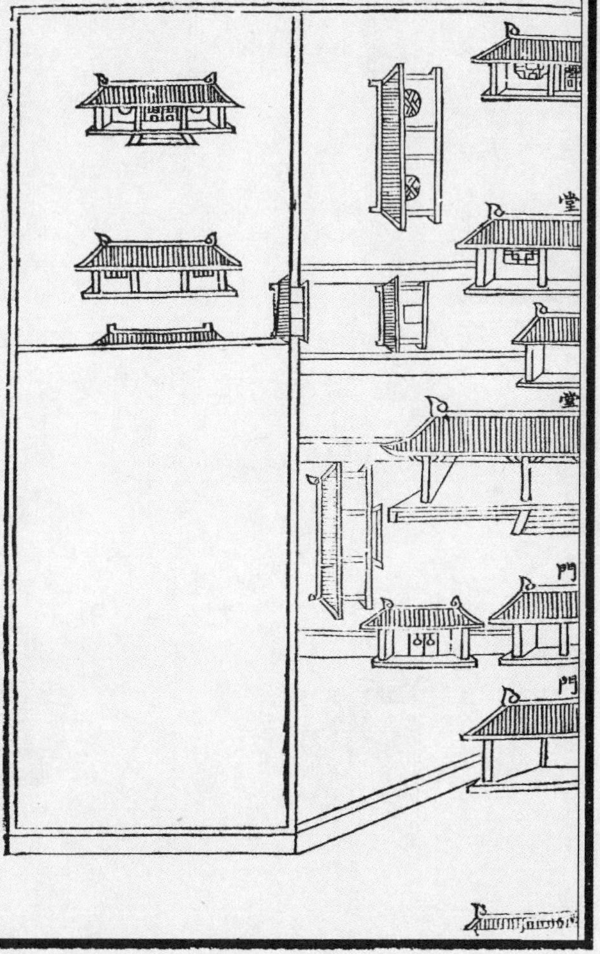

解州全志　安邑縣運城　圖　五

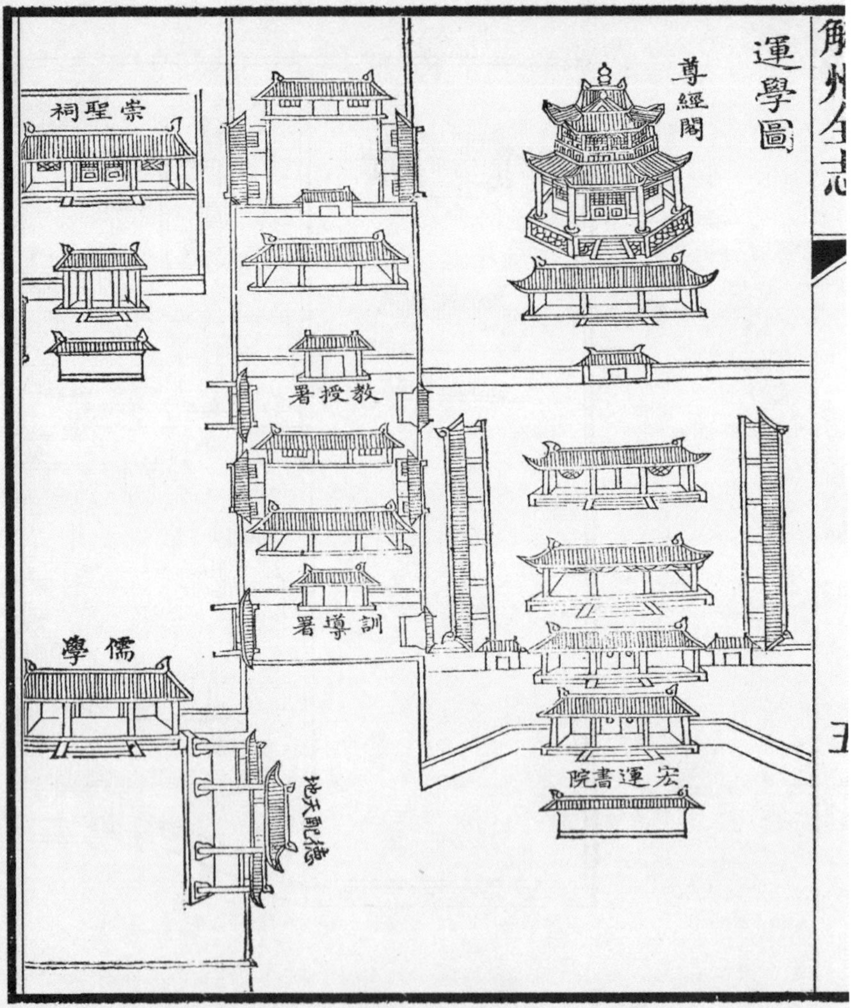
運學圖
尊經閣
崇聖祠
教授署
訓導署
儒學
宏運書院
德配天地

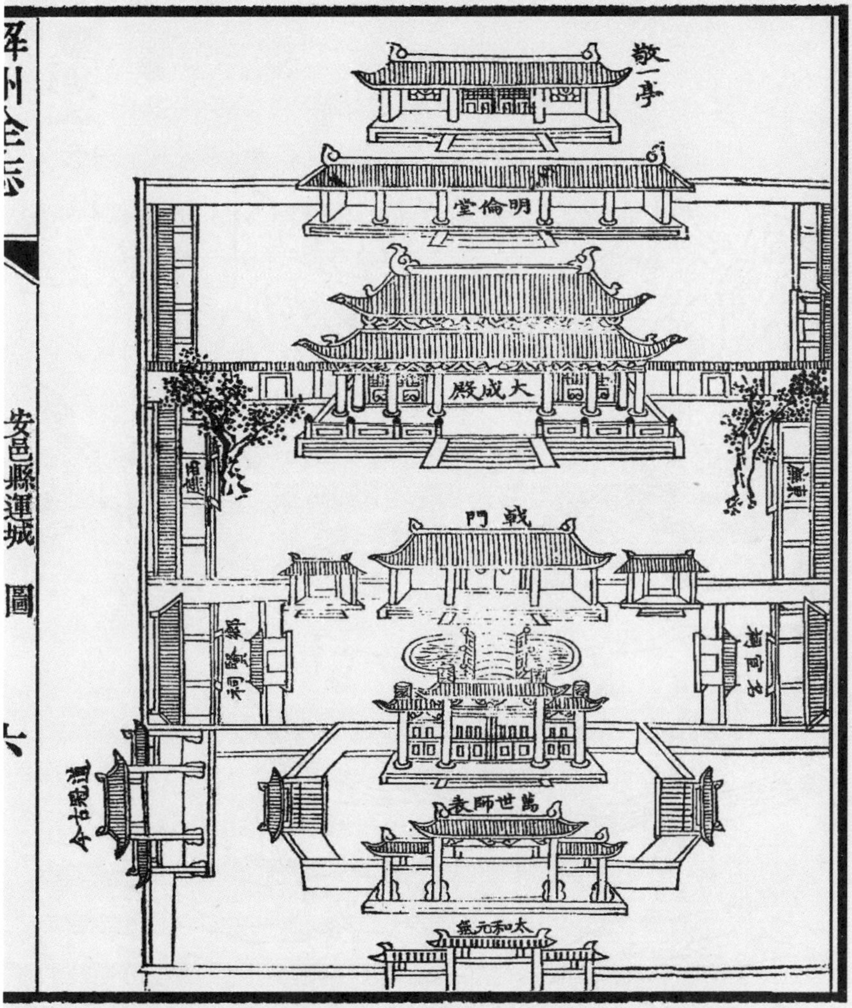
安邑縣運城 圖
敬一亭
明倫堂
大成殿
戟門
鄉賢祠
名宦祠
萬世師表
太和元氣
道冠古今

鹽池全境圖

解州全志

安邑縣運城　圖　七

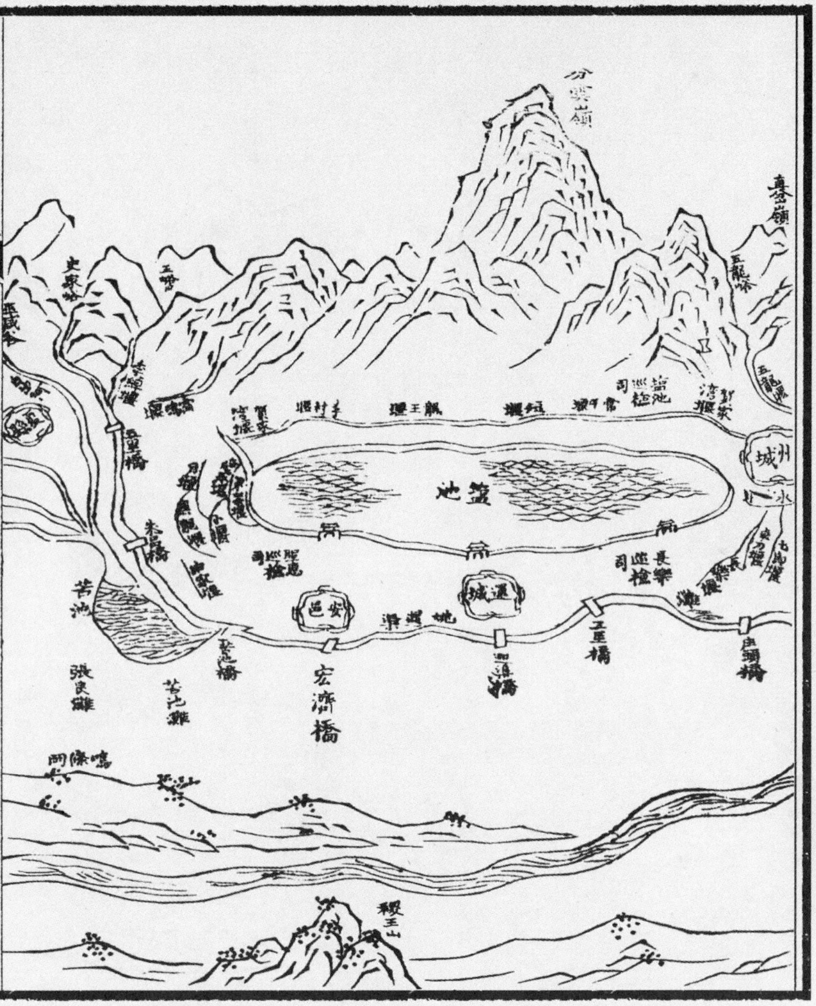

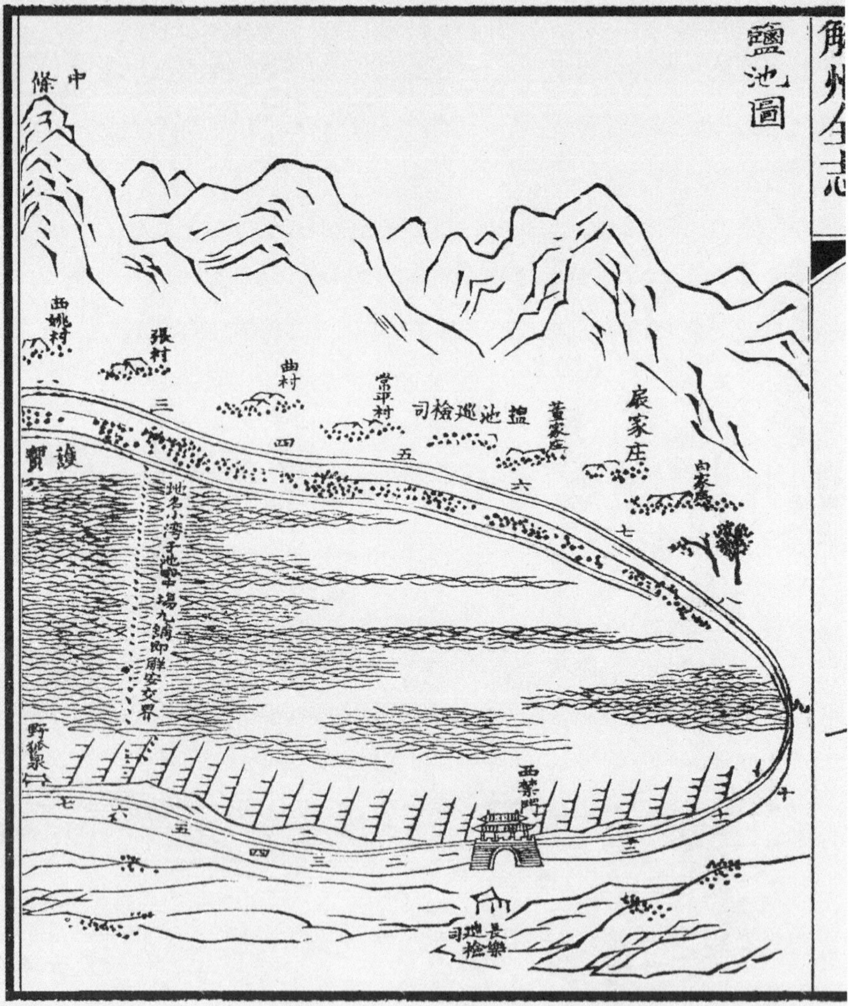
解州全志
鹽池圖
中條
西姚村
張村
曲村
常平村
鹽池巡檢司
董家庄
宸家庄
護寶
地名小湾子池中場九鋪即解安交界
野狐泉
西禁門
長樂巡檢司

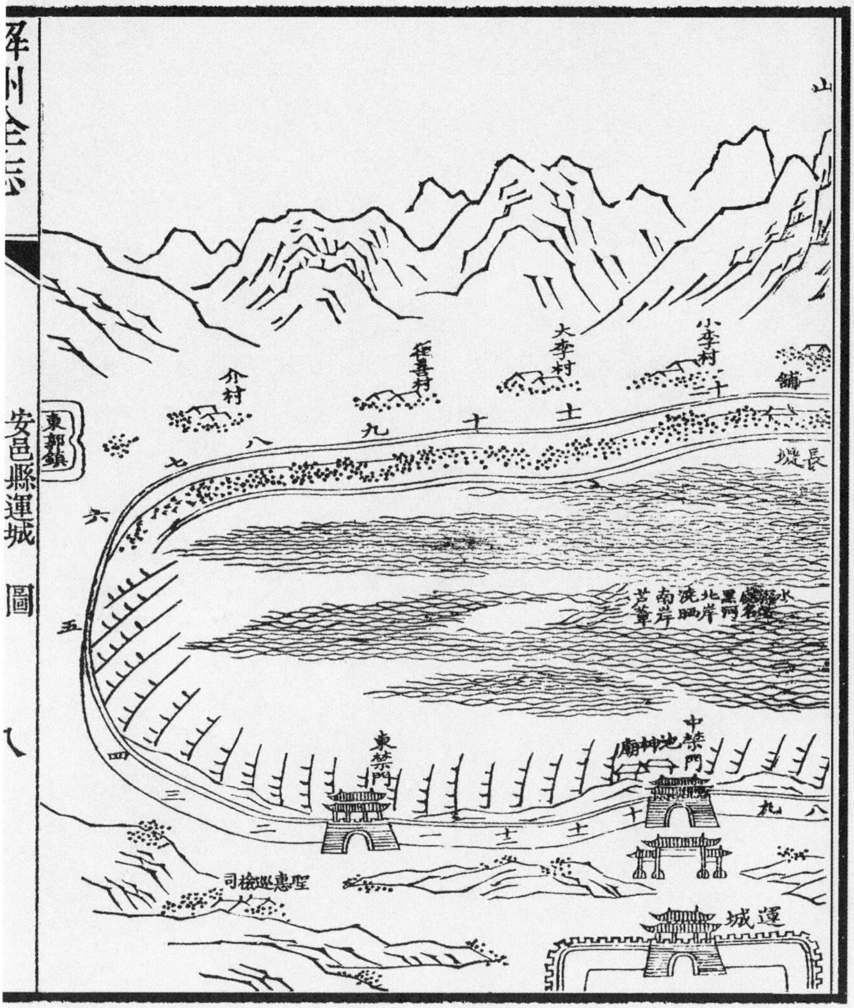
安邑縣運城圖
東郭鎮
山
介村
大李村
小李村
鋪
長堤
東禁門
中禁門
池神廟
聖惠巡檢司
運城

解州全志
池神廟圖
太陽庙
雨神庙
關帝庙
甘泉廟
歌薰樓

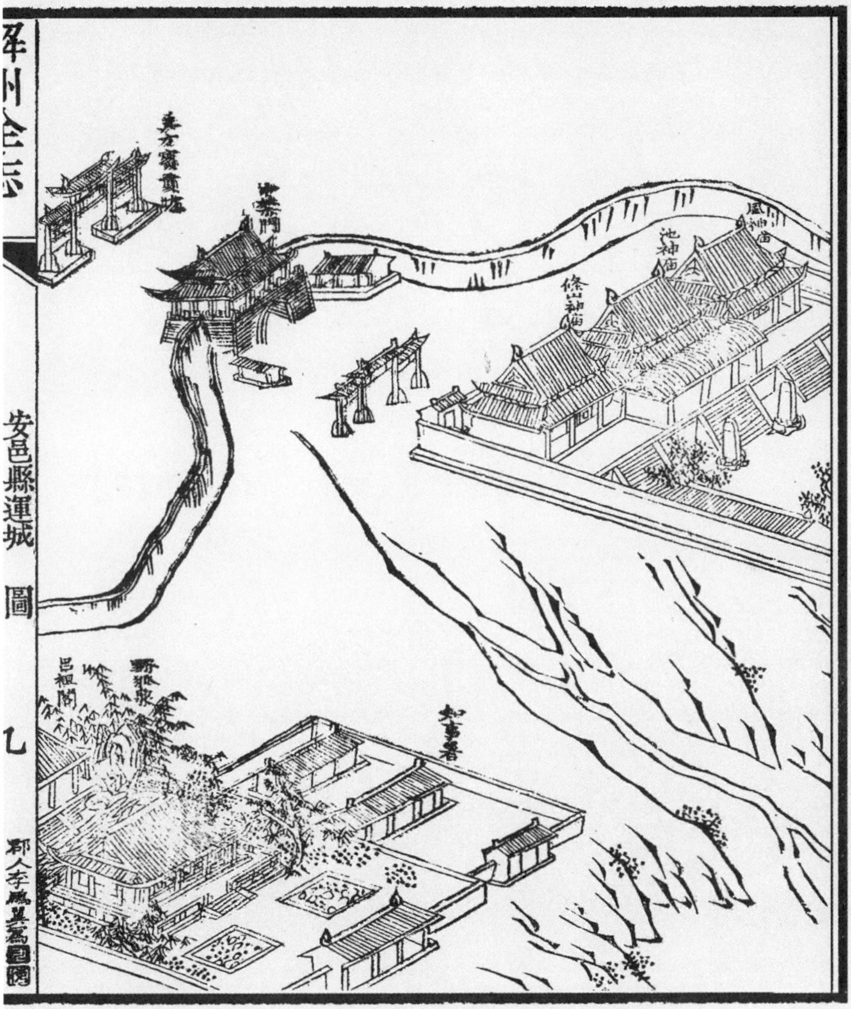
安邑縣運城圖
池神廟
條山神廟
呂祖閣
知事署

解州全志

九

解州全志目錄安邑縣運城

卷之十六

紀事　雜志

解州全志卷之一　安邑縣運城

沿革

運城一名路村近鄃瑕故地歷代以來皆屬安邑因運司駐劄故名運城又名鳳凰城

元時姚行簡建議修池掌榷始立司於路村延祐間更名聖惠鎮至正二十九年始建城徙陜西都轉鹽運使司以居之隸晉寧路

明隸平陽府解州安邑縣

國朝因之雍正二年州改直隸運城屬直隸解州安邑

縣

疆域

運城在安邑縣治西十五里在解州東四十里

西至解州四十里

東至安邑縣十五里

南至平陸縣一百里

北至猗氏縣六十里

東北至聞喜縣一百里

東南至夏縣五十里

西南至芮城縣一百里

西北至臨晉縣一百里

自運城至山西省城太原府九百二十里至
京師一千九百四十五里

形勝

面臨神稷背負中條虞坂峙南鳴條踞北遠則大河環衛近則二水交瀠俯瞰龍潭萬頃瓊瑤奪目仰瞻雲嶺千峰翠錦如屏地不愛寶池獻其祥國賦斯充民財以阜是三藩之都會實兩海之咽喉舊傳八景曰鹺海鋪瓊曰中條秀色曰運府高槐曰黌宮古柏曰畫閣鯨音曰甘泉湛碧曰洪觀靈光曰珠林佛刹

附行鹽地方

山西

太原府　陽曲　太原　榆次　太谷　祁縣
徐溝　清源　交城　文水　岢嵐州
嵐縣　興縣
俱食土鹽

汾州府　汾陽　平遙　介休　孝義　臨縣
永寧州　寧鄉　石樓　俱食土鹽

寧武府　寧武　神池　寧武鹽捕
同知西路　俱食土鹽

遼州　本州　榆社　和順
俱食土鹽

沁州　本州　沁源　武鄉
俱食土鹽

平定州　本州　樂平　盂縣
壽陽　俱食土鹽

忻州　本州　定襄　靜樂
俱食土鹽

代州　本州　五臺　繁峙
崞縣　俱食土鹽

保德州　本州　河曲
俱食土鹽
平陽府　臨汾　襄陵　洪洞　浮山　趙城
太平　岳陽　曲沃　翼城　汾西
靈石
霍州
潞安府　長治　長子　屯留　襄垣
潞城　黎城　壺關　平順
澤州府　鳳臺　高平　陽城
陵川　沁水
蒲州府　永濟　臨晉　虞鄉
猗氏　萬泉　榮河
解州　本州　安邑　夏縣
平陸　芮城
絳州　本州　聞喜　河津
稷山　絳縣　垣曲
吉州　本州
鄉寧
隰州　本州　蒲縣
大寧　永和

陝西
西安府　咸寧　長安　涇陽　三原　富平
渭南　臨潼　盩厔　醴泉　藍田
高陵　興平　同官
咸陽　鄠縣　耀州
商州　本州　鎮安　雒南
山陽　商南
興安州　本州　石泉　洵陽　漢陰
紫陽　平利　白河
同州府　大荔　朝邑　郃陽　澄城　韓城
白水　華州　華陰　蒲城　潼關
乾州　本州　武功
永壽
邠州　本州　三水　淳化　其
長武縣食花馬池鹽
鳳翔府　鳳翔　寶雞　岐山　扶風　郿縣
麟遊　汧陽　隴州　俱食花馬池鹽
河南

河南府　洛陽　偃師　鞏縣　孟津　宜陽
　　　　登封　永寧　新安　澠池　嵩縣

陝州　本州　靈寶
　　　閿鄉　盧氏

南陽府　南陽　唐縣　泌陽　鎮平　桐栢
　　　　鄧州　內鄉　新野　淅川　裕州
　　　　葉縣
　　　　南召

汝州　本州　魯山　郟縣
　　　寶豐　伊陽

許州　襄城

以上三省在山西則太原汾州寧武遼沁平忻代保四十二州縣領河東之引而不食河東之鹽陝西惟邠州之長武及鳳翔之一州七縣領河東鹽引而食花馬池鹽餘則皆仰給於河東也

解州全志卷之二安邑縣運城

鹽池

大鹽池一名鹽池孔穎達曰鹽字從鹽省古聲鹽是鹽之名亦曰鹽澤一名渤澥去水爲解因以名池在中條山北麓廣五十里袤七里幅員百一十四里深可數仞東近安邑爲東池中近運城爲中池西近解州爲西池池內中場九舖南對小灣子卽解安之分界也說文凡池皆水而此池之水其味鹹鱗介不育其性溫隆冬不冰或曰此海眼也蔥嶺之東有海焉曰鹽澤河流所注不溢不涸竅于山川生此輿區以粒我蒸民唐崔敖曰海

眼通波河源伏脉千里一氣瀦爲廣斥是也九有之鹽有煮於海掘於地汲於井積於鹵出於崖出於石出於草木之各殊而此池之產則出於種斯眞自然之美利也池介解安鹽統運城漢武均輸鹽官凡二十八而河東安邑爲首卽此池也後魏及隋通鹽池之禁擴行鹽之地唐開元初池水漸涸河中尹姜師度開拓疏決鹽利倍收宋設護寶都以巡池內外天聖八年池南積鹽爲阜其上生木合抱元徙運司於路村掌榷較爲近便而修池益嚴隆慶四年大水決堰破池因於金井南花開荒澆曬以濟大池不足後

尋罷仍歸大池　國朝康熙十九年大池水患衆商援例請暫開垣西小池澆曬濟課二十五年大池水退修葺告完商歸大池復業大約大池深廣出鹽甘潔諸池所不逮云

女鹽池卽硝池在大池之西地屬解州唐設紫泉監以領之元分二塲曰紫泉曰會商明又并爲西塲池名女鹽爾雅釋女爲小如女墻女桑之類所以别於大池也廣袤三十餘里地據高阜首當中條山谷之下流所瀦客澇爲多築堰以防潰决溢則水淡生魚乾則水苦生硝又無垣塹盜取尤易厲禁最嚴

六小池一曰蘇老一曰熨斗一曰夾凹一曰永小一曰賈瓦一曰金井地屬解州更在小鹽池西北其形方長不一水面大者不過畝餘有時生鹽然不成大粒且味稍淡苦宋崇寧元年修治賈瓦南北圓池畦眼拍磨布種得鹽最多明隆慶間以大池水敗暫於金井南北開荒澆曬尋停罷　國朝康熙十九年又以大池水患暫開西小池澆曬尋以大池水退卽行封禁乾隆二十三年因大池畦地被淹又覆准開曬計畦地四十三號責成州判管轄掣鹽則歸西場大使二十七年州判移駐運城統歸西場大使同吏目管

理並撥弓兵十名專司巡緝
禁垣唐司空輿言壕籬者鹽池之堤禁此卽禁垣之意
舊築攔馬墻自安邑抵解州百四十餘里圍繞環合
寬廣規池而有加池稱東西二場分二門以通來往
但短垣及肩莫能捍禦明成化間御史王臣塞東西
二門另於池北關中門以總出入又於攔馬墻外築
禁墻二千五百餘堵高丈有三尺濶八尺垣之外有
馬道以便往來有隍塹以蓄野水垣內外置鋪以居
邏卒經畫頗爲周詳十二年御史陳鼎又加高共二
丈一尺濶如故二十一年御史吳珍請於朝仍開東

西二門合中門共稱禁門者三中與運城相對名曰
祐寶東去安邑五里名曰育寶西去解州十里名曰
成寶三塲趨赴各從其便正德十三年御史熊蘭重
修嘉靖十五年雨霪水漲墻傾五百八十餘丈御史
沈鐸重築萬歷四十年御史楊師程革堰戶之名檄
値修州縣集議將禁垣渠堰丈量分工立石表界
國朝順治五年因澆曬工由商僱向置鹽丁汰留四
千名專任修垣雍正三年御史馬喀　題請豁免鹽
丁修築之役禁墻渠堰委運同動帑募夫修理于是
十三州縣之工皆歸運同迄今因之

畦地唐崔敖言五幅爲塍塍有渠十井爲溝溝有路梟之爲畦醜之爲門柳宗元言溝塍畦畹交錯輪囷宋元符四年開二千四百餘畦百官入賀是池之有畦自唐宋時已然矣池如仰盤畦居灘際地勢南卑於北畦旁各開水港長與畦等汲水引灌畦底如砥邊封爲埂中復留塍以段分之此治畦之法也明時畦地用官丁撈採鹽入於官　國朝順治六年畦歸於商按課六錠分畦一號一號注一商名現在畦地中場額畦一百三十四餘畦二十五東場額畦二百四十一餘畦一十六西場額畦九十餘畦七十四共成

五百七十六號現錠二千七百八十九顆畦四百六十五餘畦各隨認運地方開曬畦頭有河名曰黑河三場澆曬皆汲於此每年勸商各濬畦頭之河務深廣毋淤澱二月一日畦工入池引水澆曬其法先用桔槔挹水注於畦之首段攪之日暴味作挹注次段首段另注新水次段水鹹色赤挹移三段四段極南埂而止水深一二寸爲度經時水面花浮若凝脂皎雪謂之搨花用扒遍搨卽沉水底風力滾蕩逼以烈日遂成斗形歲旱粒細而芒雨過多日色不烈則靑頭色諺云南風生生鹽紅白若東北西南風則搨花

不浮地如沸粥謂之粥發其味苦澁須刮棄畦外另
行灌種池底淤泥滋生鹽根糾結盤簇磊塊相連上
有鹽板光潔堅厚板上水約三寸五六月間曝以烈
日鼓以南風翻騰浪花落板卽成顆粒須鳩集人夫
及時撈採若遇大雨卽解散秋冬池冷不能成鹽間
有自生者強半硝鹻不可食畦上有庵以居治畦之
工人畦北有臺謂之料臺臺高二尺五寸長八丈八
尺廣二丈四尺堆鹽千引上覆以茅延環起伏望若
蘧廬作頭者掌澆曬者也能占風日以作鹽甘潔爲
功副作則次於作頭長工則經年入畦工作者也

渠堰以護鹽池其名二十有二分作三年輪修其不入歲修者亦詳列附見以備參考

池東各堰

李綽堰在夏縣南起王峪口由東轉折而北至苦池灘止所以排東南條山諸谷暴漲之水并白沙堰潰決之水俾由苦池入渠此鹽池東保障雖距運稍遠決則淹没東郭并注東禁不可不慮入歲修

黑龍堰在安邑縣東南自東郭北抵任村受中條磨兒盤窰子溝界灘山泉之水潭深不測堰亘灘中以分其勢并以防李綽堰之横決也入歲修

雷鳴堰在安邑東郭鎮東南東西横亘若山水暴漲直決黑龍西灘而池東受其患故築堰以防之入歲修

白家堰與雷鳴堰接壤長五十丈鹽法未載不在二十二堰之內以其保障東南入歲修

白沙堰在夏縣南關外上接瑶臺下抵苦池計長二十八里零向有南北土堰南堰護池北堰護城所謂李綽堰之外籓也每遇山水暴發土堰潰決北潰則夏縣城關一帶受患南潰則漫入姚渠鹽池爲患乾隆二十七年知州言如泗率同夏縣令李遵唐詳請大憲　奏准兩岸改建石工五里動項萬餘金永資鞏

固南堰歸入歲修北堰仍民修云

中家堰在任村東自北抵南爲東水侵池門戶入歲修

逼水月堰在禁堰東黑龍堰西防黑龍灘水直撼東禁故又築小堰防之入歲修

東禁堰在東禁墻下長一千六百二十丈濶二丈五尺與逼水堰相隣爲東垣礎石故石工極其鞏固入歲修

池南各堰

趙家灣堰在解州東北入歲修

賀家灣堰在解州辰鄭莊入歲修

短堰在解州董家莊西入歲修
龍王堰在解州蠶房村西入歲修
常平堰在解州常平村西入歲修
桑園堰在解州曲村西入歲修

池西各堰

五龍堰在解州南門外起五龍峪左北抵崇寧宮右暴雨時行水從峪出奔浪雷鳴設堰防之使西循澗道會靜林青龍石樓諸峪之水流入新河最爲池南要害入歲修

硝池堰在解州西門外爲池西扼塞蓋硝池據高阜受

中條諸谷之水水漲則趨硝池如建瓴硝池溢則趨鹽池如倒峽矣又姚渠受東南諸水東而取道於北灘決則灘不能容以硝池爲居停以鹽池爲歸宿不可不防入歲修

黃平堰在硝池堰下游土名黃堰與永安堰相表裏自南至北高澗不逮七郎亦洩硝池之水入歲修

卓刀堰在解州東灘起風后廟北抵十里鋪實鹺海隣壑也入歲修

七郎堰在解州北灘南起州城東北北抵高坡形勢與卓刀等入歲修

長樂堰在解州東北防硝池泛溢涌入北灘爲鹽池患
故築堰以防之入歲修
靑龍堰蝦蟆堰在底張堰西俱入歲修
西禁堰爲垣西宿衛入歲修
池北各堰
姚暹渠舊名永豐渠按史後魏正始二年都水校尉元
清所開引平坑水西入黃河隋大業間都水監姚暹
重開民賴其利因號焉唐開元中天水姜師度奉詔
鑿巫咸河以灌鹽田宋仁宗時轉運使王博文言解
州安邑至白家橋古永豐渠行舟運鹽不勞民力自

唐末至五代迄今湮沒淺涸舟楫不行詔相度以聞
明嘉靖初御史朱實昌重濬有記其略曰解鹽池每
患水敗自有渠以刷諸水則有所歸匯不致浸入鹽
池而其利亦資灌溉　國朝屢塞屢濬乾隆十年渠
身淤澱商捐濬治十九年運使會同河東道履勘議
定商脩姚暹渠民修涑水河同時興工俾兩水各循
故道以免奔流合一之患　奏准飭遵二十六年渠
水漲發商捐銀四萬餘兩濬治卽令商人分辦渠原
出夏縣王峪口引史峪諸水合流而東又合巫咸河
水曲折西流五里經夏縣南門外西入安邑縣苦池

灘又經安邑縣城北西流經解州北境入虞鄉縣由五姓湖而達永濟孟明橋以入黃河池南背山雨過水湧山麓諸堰遏而東走莫不趨北以渠爲歸通計渠流一百二十里渠工二萬二千四百丈自夏縣五里橋以至安邑苦橋長二十六里自苦橋至解州莊頭橋長三十四里自莊頭橋至虞鄉新橋長三十四里五分自新橋至渠尾長二十五里五分夏縣五里橋起至安邑縣劉家新橋止渠長四十餘里地高渠下止有南堰並無北堰劉家新橋以下南北兩岸俱有土堰南堰以及渠底額設歲修銀五千兩每屆三

年輪修姚渠一次急工仍許搶修大工則動商捐惟北堰原係傍堰地主修築民力難支甚屬單薄乾隆二十六年知州言如泗請動公項增培與南堰並峙他如解州尚有蠶房堰鳳尾堰涑水河堰底張堰夏縣尚有陽公堰橫洛堰蓮花堰蓮花二堰中花堰匙尾堰軒轅堰苦池灘堰通稷堰安邑尚有小月堰新堰張村朱里堰西姚西南堰西姚東南堰大李村西南堰小李村東南堰常家月堰崟尤村堰沇家堰苦水備水月堰苦池灘河南小月堰苦池灘河北小月堰楊家莊堰湯里堰各環池散布不可枚舉但不

若前數堰之緊要爾
前運使馮公達道云鹽池有不得不蓄之水以資內
潤尤多不得不洩之水以防內侵總聽命於渠堰竊
覩諸堰中惟李綽堰爲尤重以中條水勢悉匯於王
峪口倚爲保障故也東南則黑龍堰爲尤重西南則
卓刀長樂二堰爲尤重若五龍堰一決則受禍獨深
可不熟慮而預爲之所乎姚暹渠經鹽池之北五姓
湖受之以達於河年久漸淤梗塞處多水無所歸漲
而必潰潰而南池之左病焉潰而北池之右病焉縱
即堵塞往往疲民匱財且客水入池氣味自敗而鹽

生又遲不特巫咸河之水可畏也幸當事者因勢利導濬土以深其渠啟土以增其堰且漸撤孟明橋之梗令渠通於湖湖達於河河入於海審若是也水歸其壑又何南潰之憂乎先輩嘗欲浚渠抵黃建石閘於河口渠漲歸河河漲開閘舟楫可通於秦梁堤堰無憂於衝決匪徒無害將百世嘉賴云

風俗

運城右解梁左安邑觀解安之風俗卽可概運城之風俗惟是地瀕鹺海五方雜處富商大賈遊客山人駢肩接踵闤闠之夫率趨鹽利握算傭工不務本業至安邑縉紳運城居半或以科第奮跡或以貲郎起家是亦晉省一都會也於是商民相習成風貧富相耀成俗乘堅策肥爭奢鬬靡邇來鹽筴稍差積習漸替示儉示禮將靳進乎唐魏遺風當不僅守令責也先從守令始

物產

運治物產鹽爲大合兩池所出以供三省所需美利溥矣餘與解安大略相同顧商賈聚處百貨駢集珍瑰羅列幾於無物不有是合五方物產即爲運城物產無庸僂陳轉滋掛漏

解州全志卷之三　安邑縣運城

城池

運城週圍九里十三步計一千七百丈高二丈池深七尺元至正二十九年運使那海德俊建名鳳凰城門有五各搆城樓四桯黃覺記明天順二年運使馬顯重修正德六年御史胡止爲禦寇計增高數尺改作四門東曰放曉西曰留暉南曰聚寶北曰迎渠然猶未加石甃也嘉靖二年御史盧煥甃其東四年御史初杲甃其西俱呂柟記十二年御史余光甃其北十五年御史沈鐸十六年御史何瓚十八年御史陶謨

相繼甃其南兼修四門重樓於城角各增望樓周圍增臺鋪各一十九二十年御史舒遷重作外城閣樸記萬歷間輒鼊侵剝天啟二年御史劉大受暨運使孫可僎重修劉敏寬記崇正七年御史楊繩武九年御史姜思睿十三年御史楊鶚連因寇警先後加修增立敵臺守望　國朝順治六年姜瓖猖獗重樓臺鋪悉燬十年御史陳喆暨紳衿商庶捐葺康熙十三年御史何元英又修井增武備二十四年御史李時謙與運使張鵬翮又修自爲記

坊集 附

城內九坊

厚德坊　和睦坊　寶泉坊

貨殖坊　榮恩坊　賢良坊

廿泉坊　永豐坊　里仁坊

後又并爲二曰賢良坊　和厚坊

城內集市

舊例於三關輪聚御史楊繩武以弊僞日滋約法八條一糧食到市每石止許牙用一升一斗戶不許調鬼語欺哄鄉愚一客販任赴行家不許斗戶遠接一斗遵官較禁置副斗及剗削口底并用雞子木刮一

糶米先儘窮民一斗戶止許正身不許朋夥窩糴一生員衙役宦僕不許攬充斗戶市棍不許插身把持

一集場務於東西北三關十日一輪擺列通衢不許隱藏場院之內後漸廢止在北關立集康熙三十二年仍令四關各十日輪轉今遵之

壇廟

先農壇

在東門外雍正五年奉文建立

社稷壇

在西門外　雩壇附祭

風雲雷雨山川城隍壇

在南門外東嶽廟東

厲壇

在北門外明嘉靖九年建

池神廟

在池北卧雲岡唐大歷間瑞鹽生錫神號爲靈慶公宋崇寧四年鹽課豐羨封東池神爲資寶公西池神爲惠康公大觀二年進爵爲王元至元十二年賜廟號曰宏濟大德三年加神號爲廣濟爲永澤明洪武初正號爲鹽池之神萬歷十七年鹽滋額御史秦大夔請錫廟號曰靈祐十九年御史蔣春芳重修改爲東西池神合祀於中以條山風洞二神左右配享每歲以三九月初吉享賽　國朝順治八年御史趙如瑾重修雍正五年運使朱一鳳分司王又樸重修巡鹽御史碩色　題請加號

以旌神功
欽定昭惠裕阜鹽池之神春秋致祭
鹽風神廟
在池神廟左宋崇寧間同池神進號爲薦寶侯大
觀二年進封成寶公明洪武初正號爲中條風洞
之神萬歷十九年御史蔣春芳分條山風洞爲二
祠左條山右風洞
太陽廟
亦稱日神廟在池神廟東明萬歷二十四年運使
林國相建

雨神廟

在日神廟左明萬歷三十八年御史楊師程建

甘泉廟

即淡泉神廟在池神廟前迤東坡稍下有泉二井冬夏不竭歷朝崇祀宋崇寧間封普濟公明崇正七年侍御史楊繩武修　國朝順治八年御史趙如瑾重修

池中關聖廟

先在池神廟之右明萬歷間御史蔣春芳鼎新池廟分祀風洞之神於廟中乃別構一祠於左以祀

帝今在池神廟東

城隍廟

在司治北創建無考明嘉靖七年御史蔣暘暨運使黃景星重修三十二年地震圮運使劉夢詩修萬歷四十五年運同鄭崇厚再修　國朝雍正八年邑紳王鍾琇修

三聖廟

在運城西北河東書院內祀堯舜禹三聖以皐陶稷契伯益伯夷夔龍羲氏和氏關龍逢配享

旗纛廟

在北門外

寧濟廟

在城北五里祀漢關聖暨張桓侯相傳二神曾與蚩尤戰以護鹽池故祀之例以九月十三日祭明萬歷三十年御史曾舜漁重修又置香火地四十畝以備守廟公用

泰山廟

在南門外明嘉靖四十三年重修　國朝康熙二十六年御史勒信再修

真武廟

在司治北明天順三年重修　國朝康熙四十二年御史馬爾泰修

城中關聖廟

在司治東北明天啓元年御史張潑建　國朝康熙十四年御史齊世布重修

火星廟

在儒學東明嘉靖三十年建

后土廟

在北門外明洪武初重修

龍王廟

在北門外明崇正十三年御史楊鶚建

馬王廟

在察院東

武廟

在演武場東明崇正七年御史楊繩武建今廢

魁星閣

在南城上本城紳士劉梃建有記

文昌祠

祠舊在南門外明嘉靖十八年徙城内東北隅

土地祠

在池神廟西廡明萬曆三十八年御史楊師程建
崇正七年御史楊繩武修　國朝順治八年御史
趙如璉再修

仰德祠

在儒學東祀黃帝相風后史官蒼頡商相巫咸巫
賢

表忠祠

在東門內明嘉靖十九年御史舒遷建以祀夏大
夫關龍逢三十九年地震圮御史吳過重建後因
改爲公署移祠於東察院之西僅屋三間崇正七

年御史楊繩武因湫隘褻神乃撤忠愛衞民遺愛
三祠而一之名仍表忠以大夫後裔漢壯繆侯並
北魏隱士朗配享而易舊祠爲三教菴
明道明學二先生祠
在北門外今廢
廣仁祠
在城東門內康熙五十八年建
忠愛祠
在表忠祠西明成化十年邑人公建以祀巡鹽御
史王公臣有惠政卒於官立祠祀之

衛民祠

在忠愛祠東舊爲御史胡公止生祠後增入盧公煥初公杲余公光沈公鐸四御史以報修城績改今名

遺愛祠

在衛民祠西舊爲御史余公光生祠後增入何公贊陶公謨以報修城之功後又入邢公侗張公櫃共成六侍御祠矣

方公祠

在遺愛祠西創祀都轉運方公啟參後又增入林

公國相名方林二公祠後合三祠爲表忠統名忠
愛又將東南兩門外並池上諸祠賢侯位主流芳
碑記俱遷祠中自漢至明共三十六人前植懐棠
祫祀覃澤名臣二牌坊

王公祠

向在池神廟後祀御史王公諍今併祀忠愛祠中

名賢祠

在城南其先祀御史李公日宣後入楊公鶚與姜
公思睿復標里中先達有德望者十八人並祀其
中俱有牌乾隆二十年本城孝廉張岵倡修

噶公祠

在表忠祠西祀御史噶公世圖額曰風追孝肅

崔府君祠

在西門内明萬曆十四年建

公署

鹽政察院署

居運治之中明成化十年御史王臣創建嘉靖四年御史初杲展拓重修建大門三楹匾曰察院前樹屏建坊榜曰正肅左右峙者曰激濁曰揚清中爲堂曰風紀後爲堂曰退思又後爲寢室曰氷蘖北有亭曰栢香東曰憶梅西曰存竹詳見張璧記

運司署

在城內西街由正南坊而進爲通惠樓再進爲大門爲儀門左右有東西角門再進爲戒石亭爲經國堂

堂前有月臺堂後爲和衷堂爲萬笏樓運使高夢說
建經國堂左右爲豐濟庫收貯正雜鹽課署左鐘樓
正德己卯御史宋鉞建

運同署

在運使署西偏舊制進通惠樓而東有經歷署西有
知事署經歷署之上爲總司署知事署之上爲東西
分司署再上爲中分司署分司奉裁移經歷於知事
署知事則處東分司署康熙二十四年復設運判居
舊署雍正二年改運判爲運同仍居運判署乾隆二
年復移知事居野狐泉東新署三年又設庫大使駐

東分司舊署

分駐運城州判署

在察院西即運城巡檢舊署乾隆二十七年移駐

中場東場西場三大使署

在運城南門内西偏中爲中場左爲東場右爲西場

三署相並乾隆二十七年奉文移西場大使於解州

城内西場舊署奉文估變

都司署

在城内學宫東南隅

按舊志察院舊署在東門内即正學書院地後改爲

東察院布政司舊署在東城守巡二道署在文廟東
稅課局在司治東遞運所在司治北管鹽廳舊在鹽
池北岸爲委司採撈者之行署今俱廢

倉舍附

運阜倉
在運使署東雍正六年建收貯麥四千二百五石零
穀三千二百四十二石一斗以備商人澆曬之資係
知事及三場大使分管春借秋還

運儲倉
在運治東儲佃灘籽粒二百七十五石六斗八升[illegible]

爲孤貧口糧係經歷經管

養濟院附

在運城東北明嘉靖二十三年巡鹽御史喩時建育孤貧九十八名口食全糧者四十二名每月各給小麥二斗四升至孟冬月朔各給花銀三錢五分半糧者五十有六皆減十之五院基計地二畝有奇有院舍一十六間

解州全志卷之四 安邑縣運城

學校

運學爲中學額設教授訓導各一員廩生二十名增生二十名附生無定額歲科二試入學十二名學宫在運治東南元大德三年運使奥屯茂創建明洪武初運籍生員分附解安二學而運學廢正統己未運使韓偉請於朝復舊制統計大成殿五楹東西廡各二十楹前爲戟門門外東西名宦鄉賢二祠後爲明倫堂五楹東西齋各六楹後爲敬一亭三楹東爲尊經閣爲射圃正德初御史周廷徵置樂舞禮器於中萬

歷間御史房寰建鼓樓於學宮之右御史黃一龍曾
舜漁王遠宜喬允升運使林國相運判王建中崇正
間御史楊繩武各增修　國朝運使張喆御史施維
翰又修

崇聖祠在正殿東北乾隆八年御史吉慶運使郭一裕
重修並創更衣廳省牲所各三楹

名宦祠在戟門外左

鄉賢祠在戟門外右

教授宅在正殿東

訓導宅在教授宅前

運學籍貫向係十二州縣商民并鹽丁互考雍正六年
清理商丁籍貫嗣後運學童生惟報部商人子弟並
從前有錠商人的派子孫准考鹽丁籍不得冒入八
年運使楊夢琰又詳明從前鹽丁籍取入各生分撥
各州縣原籍准作中學廩增額各四十名裁去二十
名入學額數二十名裁去八名

學田明萬歷二十三年運使林國相創建學倉以育人
材尋擢河東叅議留俸五十兩備置學田後署司運
判王建中踵其志募捐二百兩買夏縣地六十餘畝
每年入租三十七石有奇又清出解州臨晉安邑禁

垣灘地五百一十畝每年入租二十四石有奇共納學倉備賑給焉康熙二十九年運司行查據經歷司回夏縣地六十餘畝移縣細查並無學田鄰段佃戶姓名其解州臨晉安邑禁垣灘地止查出地二百七十九畝三分每年入麥谷九石九升五合給禮生支用

河東書院在運城北五里明正德間御史張士隆建基大三十餘畝有贍地四十餘畝課租備用萬歷八年張居正奏毀天下書院御史李廷觀改爲三聖廟得免十三年御史趙楷更名崇聖館十六年御史吳達

可更名育才館天啟三年御史李日宣增建書屋
國朝康熙十年御史布舒熊一瀟修二十年御史黃
斐再修
宏運書院在運學東天啟三年御史李日宣建延邑紳
曹于汴主講捐俸置夏縣地一頃四十餘畝御史姜
思睿捐置安邑縣地五頃七十一畝御史楚朗揚捐
置夏縣地八十餘畝各有碑記明季湮沒　國朝康
熙二十八年御史郝惟謙檄行兩縣査清運使蘇昌
臣集紳士公議從前隱地逋租免其追償自二十九
年爲始仍照碑額完租該縣每年彙收解司安邑縣

共地二百二十七畝六分九釐價四百三十三兩八錢八分租四十七兩七錢二分六釐八毫夏縣共地五百二十七畝九分四毫價九百三十七兩四錢八分八釐八毫租一百三兩一錢二分三釐七毫六絲八忽三十六年運司詳院減半收租四十年運司詳允運學徵收

義學運城凡五社東社在表忠祠南社在南門社學巷西社在府君廟巷北社在城隍廟西中社在鼓樓西

課賦

河東舊額正雜課銀

共一十七萬一千七百二十八兩八錢一分六釐

內有額引課更名食鹽引課西安加增課賑濟米價等項爲正課有池灘地租小麥變價京書廩費等項出於各州縣地租非由商辦爲雜課又有太汾遼沁鹽稅鳳課等名目共合成一十七萬一千七百二十八兩八錢一分六釐自雍正三年帶管鹽政年羹堯請將河工銅觔名色並各衙門陋規俱行裁革惟於額引並加增引項下每引一名收

官錢十一兩公務二十四兩零八分共銀十萬零四千三百四十一兩九錢四分九釐又有官置昌零引銀一百零一兩八錢零八釐解州安邑長武加徵課銀六千六百三十六兩二錢三分九釐九毫八絲籽粒銀一十兩零二錢六分零三毫蘆課銀一百一十七兩九錢七分五釐七毫四絲共增徵銀一十一萬一千二百零八兩二錢三分三釐零二絲又於本年因額引不敷請領餘引十萬張雍正六七八等年又增領餘引十萬張乾隆五六兩年又增領餘引四萬張合前共增領餘引二十

四萬乾隆二十六年二月間以池被水患產鹽旣少不敷配運經部議覆准減餘引七萬道止留餘引一十七萬該正雜課銀一十三萬二千二百五十五兩七錢五分前乾隆三年潞澤商人歸公銀二萬兩七年裕州商人歸公銀一千兩八年唐縣商人歸公銀五千四百餘兩澠池縣歸公銀四百六七十兩不等又有平餘銀一萬兩至每年贖鍰銀照所獲多少解報原無定額與併餘銀約共五六百兩以上統計每年共徵解銀四十五萬二千六百餘兩

籽粒灘地

安邑縣經徵張良村東郭苦池三灘共地六千九百七十九畝五分二釐共銀六百五十兩二分一釐六毫

夏縣經徵苦水池平地一千四百三十畝每歲額徵籽粒銀一百四十三兩四錢

小麥變價灘地

運司經歷司徵收在安邑縣境東郭村湯里村任村三灘共地三千九百三十一畝三分四釐八毫照上中下不等起科共徵租麥一百八十九石九

斗八升三合五勺四抄每石變價九錢應變價銀一百七十兩九錢八分五釐一毫八絲六忽以上三段地租俱入鹽課項內

東郭村灘在安邑東南十餘里地大十頃除現收籽粒外定例不許開種又介村崔尤村有地一百八十餘畝每畝輸麥二升穀三升收貯運皁倉以備公用湯里村荒地五十畝向係三場大使收租雍正八年歸入運皁倉項內以上二段籽粒未入鹽課

附護池灘地

城北灘在解州城北受女池之水地勢西高東下

城東灘在解州城東內有數泉復受以上諸灘水
長樂灘在鹽池北七里許周圍二十餘里停潦不
涸生魚
東膏腴灘在長樂灘西北數里極西者名西膏腴
又西北十五里名曰西辛莊
洗馬灘在西辛莊北二十五里
南扶灘在洗馬灘東北
衛諸灘在洗馬灘西北
三婁灘在衛諸灘西南十里
羅乂灘在三婁灘東二十里

小張塢灘在羅又灘北十五里以上皆解州境

張良村灘在安邑境鹽池東北大百十頃

苦池灘在安邑縣東一十三里夏縣東山巫咸諸

水滙此以達姚渠

蚩尤村灘在鹽池東南去運城三十里

李莊村灘在鹽池東北去運城二十里

北路村灘在東留灘運城迤北五里自張良村灘以下皆安邑境

兵防

運城兵初僅射手五十名明正德間添設鹽壯甬壯八百名民壯六百名吏農有膂力者二百名分爲六營練習之事平隨報罷天啟間御史劉大受請設兵一百六十名把總一員領之後運同盧友竹請添三百名守備一員領之巡鹽御史王與印又於弓兵斗級內抽兵一百名巡鹽御史楊繩武又增兵五十名

國初仍議罷順治六年姜瓖不靖御史梁應龍調取平垣營兵一百七名把總百總各一駐防後減存五十名十三年改撥蒲營防兵六十名赴汛十六年添

至八十名仍委把總領之後蒲州協標把總共領步
兵四十一名除塘驛防守外存城三十名雍正七年
巡察宋　筠奏准添設守備一員兵七十名同原設運
城防兵三十名安邑防兵十名分汎兵十二名共一
百二十二名雍正十年改爲都司專營統把總一員
外委二員一駐安邑一隨本營馬兵八名步戰兵二
十名守兵九十二名內分駐安邑十名分汎七處共
三十三名餘駐本營由藩庫撥餉

演武場在北門外嘉靖初御史朱實昌建計地三十
四畝有廳事有將臺以訓池卒萬歷間御史姚三

讓重修立武廟於旁乾隆二十四年都司李煦重
修

兵事

明正德五年流賊飈動前哨至蒙城距運城百餘里居民洶洶時城垣久圮直指胡公止集丁萬餘版畚相比五日城完賊聞有備乃去

崇正四年閏十月秦寇乘氷堅渡河十一月犯運城御史王與印遣守備王圻拒之敗績尋以蒲州兵至引去

國朝順治元年六月十八日賊王小溪等陷運城八月

自蒲州敗回復入運城九月開東南門遁

解州全志卷之五　安邑縣運城

職官

漢置大農丞領鹽鐵事郡國置均輸鹽鐵官凡二十

八郡河東安邑爲首

黄　霸淮陽人河東均輸長詳宦績

西魏

辛慶之大統中以行臺左丞兼鹽池都將詳宦績

隋

姚　暹大業中爲都水監詳宦績

唐置兩池榷鹽使隸度支

裴諝詳宦績

司空輿河東虞鄉人大中時兩池榷鹽使詳宦績

馮與專知度支河中院詳宦績

陸位知解縣池詳宦績

韋縱知安邑池詳宦績

韓重華武陵人歷兩池榷鹽使詳宦績

五代

鄭元昭

張崇祐兩池榷鹽使詳宦績

按鹽法志於運使則列唐司空輿馮與於運同

則列金劉徽柔於運副則列唐韋縱宋薛向於
運判則列唐陸位考運使始於宋運同運副運
判始於元雖所職近是不得於未有是官前強
被以今名也今總列卷首用詳古時官職姓名
以存其舊

明天順四年令山西按察司分巡該道官兼巡視河
東鹽池成化九年差監察御史一員巡鹽河東

巡鹽御史

王　臣　江西吉水舉人成化十年任詳宦績

袁　禎　江西豐城進士十一年任

陳鼎山東曹州進士十二年任

胡璘山東濟陽進士十三年任

李寅直隸興濟進士十四年任

奚銘順天宛平進士十六年任

周洪山東武城進士十八年任

曹英山東壽張進士十九年任

余深浙江新昌進士二十年任

吳珍江南沭陽進士二十一年任

劉翔直隸獻縣進士二十二年任

張泰直隸肅寧進士宏治元年任詳宦績

黃　玹　湖廣蒲圻進士二年任

劉廷瓚　河南光州進士三年任

王　表　河南西平進士四年任

吳道寧　河南河內進士五年任

韓　春　直隸蠡縣進士七年任

張應奎　山東蒲臺進士八年任

邢　義　山東濟陽進士九年任

劉道立　河南杞縣進士十年任

李　鑑　山東濟寧進士十一年任

楊　璋　湖廣孝感進士十三年任

李　鉞河南祥符進士十四年任

曾大有湖廣麻城進士十五年任

湯　沐江南江陰進士十七年任

甯　杲山東蓬萊進士正德元年任

徐　鈺湖廣興國進士二年任

周廷徵湖廣麻城進士三年任

魏彥照直隸容城進士四年任

蕭　選順天三河進士五年任

胡　止河南羅山進士六年任詳宦績

燕　澄直隸正定進士七年任

張士鑒河南安陽進士八年任詳宦績

楊時周直隸固城進士九年任

朱裳直隸沙河進士十年任詳宦績

熊蘭江西南昌進士十二年任

宋鉞山東武定進士十三年任

鄭維新廣東歸善舉人十五年任

邱道隆福建上杭進士十六年任

朱實昌江西高安進士嘉靖元年任

盧煥河南光山進士二年任詳宦績

初杲湖廣潛江進士四年任

沈　松浙江德清進士六年任

蔣　暘山東樂安進士七年任

王　宣浙江臨海進士八年任

楊　東江南當塗進士九年任

方　涯江南太平進士十年任

宋邦輔江南東流進士十一年任

王　昺山東章邱進士十二年任

余　光江南祁門進士十三年任詳宦績

沈　鐸浙江歸安進士十五年任

何　贊浙江黄巖進士十六年任

陶　謨浙江秀水進士十八年任

舒　遷直隸黟縣進士十九年任

魏謙吉直隸柏鄉進士二十一年任

曹邦輔山東定陶進士二十二年任

喻　時河南光州進士二十三年任詳宦績

王　忬江南太倉進士二十五年任

陳　炌江西臨川進士二十六年任

劉應熊陝西隴西進士二十八年任

黃　中浙江遂昌舉人二十九年任

向維持河南羅山進士三十年任詳宦績

宋儀望江西永豐進士三十二年任

李楨江西新昌舉人三十三年任詳宦績

左柱陜西寧州舉人三十四年任

楊儲江西廬陵舉人三十六年任

周滋山東諸城進士三十七年任詳宦績

吳過河南汝陽進士三十九年任

王諍浙江永嘉進士四十年任詳宦績

熊泡四川富順進士四十一年任

胡鑰湖廣晉江進士四十三年任

張櫝江西新城進士四十四年任

王君賞山東淄川進士四十五年任
劉師孟河南臨漳舉人四十五年任
趙　睿江南涇縣進士隆慶元年任
郜永春直隸長垣進士三年任詳宦績
俞一貫江南婺源進士五年任
許子良浙江仁和進士六年任
張　道江西湖口進士萬曆元年任
趙　池山東昌樂進士二年任
金　階浙江仁和進士三年任
陳用賓福建晉江進士四年任

尹良任　湖廣漢川進士五年任

房寰　浙江德清進士七年任

邢侗　山東臨邑進士九年任

王國祚　直隸滄州進士十年任

趙楷　四川犍爲進士十一年任

姚三讓　直隸永年進士十三年任

李堯民　山東濟寧進士十四年任

吳達可　江南宜興進士十六年任

秦大夔　江南吳縣進士十七年任

林祖述　浙江鄞縣進士十八年任詳宦績

蔣春芳山東益都進士十九年任詳宦績

顧龍禎江南無錫進士二十年任

楊宏科浙江餘姚進士二十一年任

黄一龍福建龍溪進士二十三年任

吳　楷山東曹州進士二十四年任

汪以時江南婺源進士二十六年任詳宦績

曾舜漁廣東博羅進士三十年任

陳于廷江南宜興進士三十七年任詳宦績

揚師程雲南安寧進士三十八年任詳宦績

楊州鶴直隸大名進士四十一年任

萬崇德江南徐州進士，四十二年任
王遠宜直隸霸州進士，四十五年任
江日彩福建泰寧進士，四十七年任
張　潑山東樂陵進士，天啓元年任，詳宦績
劉大受江西泰和進士，二年任，詳宦績
李日宣江西吉水進士，三年任，詳宦績
劉　徽直隸淸苑進士，四年任
黃憲卿江西廬陵進士，五年任
李燦然浙江縉雲進士，六年任
李應期山東沂州進士，崇正元年任

陳廷謨直隸成安進士二年任詳宦績

王與印山東新城進士三年任詳宦績

羅元賓浙江會稽進士五年任

楊希旦四川閬中進士六年任

楊繩武雲南彌勒進士七年任詳宦績

姜思睿浙江慈溪進士九年任詳宦績

王龍震福建晉江進士十年任

李嗣京江南興化進士十一年任

楊鶚湖廣武陵進士十三年任詳宦績

成友謙江南海門進士十五年任

國初因明舊制康熙七年差滿漢御史各一員康熙十一年不分滿漢止差一員雍正元年以川陝總督兼之雍正三年以陝西西安布政使管理雍正四年以西安按察使管理雍正八年西安按察使陞授西安布政使仍帶管鹽務今仍設河東鹽政督之定爲滿洲科道司員差缺一年任滿

劉令尹 直隸滄州進士順治二年任

朱鼎延 山東平陰進士三年任詳宦績

佟鳳彩 奉天遼陽人四年任

劉達 河南濬縣進士五年任詳宦績

粱應龍奉天義州人六年任
盛復選奉天遼陽人七年任
趙如瑾直隸雄縣舉人八年任
劉秉政奉天廣寧人九年任詳宦績
朱　紱江西進賢進士十二年任
焦毓瑞山東章邱進士十三年任
李榮宗奉天遼陽貢生十四年任
劉曰義奉天遼陽貢生十五年任
胡秉忠奉天遼陽貢生十六年任
張學禮奉天遼陽貢生十八年任

徐　越　江南山陽進士康熙元年任
季振宜　江南泰興進士二年任
高　珩　山東淄川進士三年任
董文驥　江南武進進士四年任
李文熙　山東長山進士五年任
施維翰　江南華亭進士六年任
葛思泰　滿州進士七年任
傅感丁　浙江仁和進士七年任
莫洛洪　滿洲人八年任
夏人佺　江南壽州進士八年任

布　舒滿洲人九年任

熊一瀟江西南昌進士九年任

穆成格滿洲人十年任

楊維喬山東寧海進士十年任

常　書滿洲人十一年任

何元英浙江秀水進士十二年任

朱尙義奉天人十三年任

齊世布滿洲人十四年任

鞠　珣山東大嵩舉人十五年任

徐喆武江南金壇進士十六年任

傅廷俊直隸滄州進士十七年任

曾　寅江西清江進士十八年任詳宦績

黄　斐浙江鄞縣進士十九年任

傅喇塔滿洲人二十年任

何嘉祐浙江山陰進士二十一年任

馬爾漢滿洲人二十二年任

滿　丕滿洲人二十三年任

李時謙順天大典進士二十四年任詳宦績

覺羅勒信滿洲人二十五年任

圖納哈滿洲人二十六年任

法爾哈　滿洲人二十七年任

郝惟謙　順天霸州舉人二十八年任詳宦績

索　里　滿洲人二十九年任

格爾特　滿洲正黃旗人三十年任

賽　圖　滿洲正黃旗人三十一年任

法特哈　滿洲鑲黃旗人三十二年任

勒　貝　滿洲鑲白旗人三十三年任

麻　色　滿洲鑲紅旗人三十四年任

赫明德　滿州正紅旗人三十五年任

賴　都　滿洲人三十六年任

蘇克濟滿洲正黄旗人三十七年任

常壽滿洲正紅旗人三十八年任

節什滿洲正藍旗人三十九年任

吳大禪滿洲正黄旗人四十年任

沙渾滿洲鑲藍旗人四十一年任

馬爾泰滿洲正白旗人四十二年任

劉子章貴州貴陽舉人四十三年任

孫柱滿洲鑲紅旗人四十四年任

阿哈善滿洲正黄旗人四十五年任

巴克善滿洲正白旗人四十六年任

特黙德滿洲鑲白旗人四十七年任
覺羅常泰滿洲鑲紅旗人四十八年任
德　貝滿洲正紅旗人四十九年任
袁保柱滿洲鑲白旗人五十年任
關保柱滿洲正白旗人五十一年任
噶世圖滿洲鑲紅旗人五十二年任
海　保滿洲正黄旗人五十三年任
花　色滿洲正紅旗人五十四年任
阿哈納滿洲正紅旗人五十五年任
張國棟滿洲正紅旗人五十六年任

舒　庫滿洲鑲紅旗人五十七年任

汪國弼奉天鑲白旗人五十八年任

宗　燕蒙古鑲白旗人五十九年任

朱之珵奉天鑲白旗人六十年任

延德納滿洲人六十一年任

傅　寧滿洲人雍正元年任

年羹堯鑲黃旗人雍正元年以川陝總督帶管鹽務

馬　喀滿洲人三年任陞西安布政使仍兼管鹽務

許　容河南虞城人西安按察使四年兼管鹽務

塞　欽滿洲人西安按察使四年兼管鹽務

碩　色　滿洲正黄旗人西安按察使雍正五年兼管鹽務八年陞西安布政使仍管鹽務

楊　馝　漢軍正黄旗人西安布政使十一年任

程仁圻　貴州人西安布政使十二年任自雍正元年至此川陝總督兼西安布按兩司帶管

孫嘉淦　山西興縣進士十三年任

蘇赫臣　滿洲正黄旗人乾隆元年任

定　柱　漢軍正黄旗人二年任

白起圖　正藍旗人六年任

尚　琳　漢軍正黄旗人六年任

吉　慶　漢軍正黄旗人七年任

衆神保　滿洲鑲黄旗人十年任

慶　恩滿洲正白旗人十四年任

楊作新正黄旗人十五年任

西　寧鑲黄旗人十六年任二十年二十三年復任

那　俊鑲黄旗人二十二年任

薩哈岱正黄旗人十七年任三十四年復任

李賢穎奉天正白旗進士奏事郎中乾隆二十八年現任

宋置河東轉運使陝西轉運使提舉制置解鹽司

宋　搏　萊州人開寶八年爲河東轉運使詳宦績

陳堯佐　閬中人河東轉運使詳宦績

薛　顏　萬泉人

崔　嶧　長安人

范　祥　邠州人提舉制置解鹽使詳宦績

包　拯　合肥人由京東轉運使徙陝西又徙河北詳宦績

周　沆　益都人

顧　臨　會稽人元祐初任

歐陽修　廬陵人慶歷初河東制置使詳宦績

陳安石河陽人嘉祐中河東轉運使詳宦績

薛向萬泉人河東轉運使詳宦績

孫永長社人河東都轉運使詳宦績

金

范承吉天會八年河東北路轉運使遷河東南路轉運使詳宦績

王尉香河人大定初任以廉名

劉徽柔正隆中任廉名第一

元初置都轉運鹽使司中統二年改置轉運司置提舉解鹽司至元二年罷運司命有司掌其務尋復置轉運司二十二年立陝西都轉鹽運使二十九

年置鹽運司罷解鹽司延祐六年改陝西轉運鹽
使司爲河東陝西等處都轉運鹽使司
姚行簡詳宦績
濶閭端夫至元乙亥任
郭　相至元十二年任
傅中順至元二十二年任
陝思丁
吳從仕至元間榷鹽後充解鹽使詳宦績
輿屯茂大德時河東運使詳宦績
阿失鐵木兒皇慶二年任詳宦績

完顏德輝延祐元年任

那海德俊至正時河陜鹽運使詳宦績

鄭　衍至正七年任

高昌閭閭至正間鹽運使詳宦績

護廉寶詳宦績

鄧中立至正壬寅任

卜顏鐵木兒詳宦績

蔣　堂以清謹聞

明設河東陜西都轉鹽運使司鹽運使

朱　芾江南臨濠侍郎洪武二年任

孔殷湖廣孝感副監令七年任

胡大用浙江縉雲賢良十三年任

馮璪四川巴縣監生永樂十年任

陳儼山東監生二十二年任

楊傑山東濱州監生洪熙元年任

韓偉浙江永嘉監生正統二年任詳宦績

何永芳浙江常山進士十二年任

馬顯直隸廣平進士景泰二年任

史潛江南金壇進士天順三年任

延祥直隸大興舉人成化元年任

孟　准直隸博野進士七年任詳宦績

李　文直隸遷安進士十五年任

倪　顒浙江海鹽進士十八年任

雷　升遼東進士二十二年任

李　釗河南洛陽進士宏治元年任

陳　勉江西臨川進士九年任

王　宏山東文登進士十年任

張　咨山東商河舉人十二年任

李德仁順天東安進士十五年任

劉　瑜山東文登進士正德四年任

徐　翊直隷長洲進士六年任

王　宣四川嘉定進士八年任

趙　廉武驤右衛進士十年任

安　奎直隷趙州進士十四年任

馮　志浙江慈溪進士嘉靖元年任

伍　全江西安福進士二年任詳宦績

杜　旻江南山陽進士三年任

黃景星四川酆都進士五年任

王　溱直隷開州進士十年任

劉夢詩江西永新進士十二年任

詹　瑩　湖廣麻城進士十四年任詳宦績

袁士偉　山東肥城進士十七年任詳宦績

李　章　四川長壽進士十九年任詳宦績

黃行可　福建莆田進士二十年任

陳　謨　四川巴縣進士二十二年任

應大桂　浙江仙居進士二十二年任

柳　英　四川巫山進士二十四年任詳宦績

高尚志　山東冠縣進士二十九年任

王三接　江南崑山進士三十二年任

方啟參　湖廣巴陵舉人三十五年任詳宦績

周　堂　江南邳州進士四十二年任

王　潯　直隸長垣進士四十三年任

蘇　繼　山東壽光進士隆慶元年任

汪汝海　直隸蠡縣進士四年任

董原道　四川巴縣進士六年任

李廷觀　江西豐城進士萬歷三年任

李充實　直隸玉田進士八年任

王世能　江南宣城進士十一年任詳宦績

夏　鍠　四川大足舉人十三年任

王以纁　順天文安進士十四年任

王命爵　福建南靖舉人十七年任

尹廷俊　雲南蒙自進士二十年任

林國相　福建閩縣進士二十三年任詳宦績

趙光大　順天宛平舉人三十八年任

劉幼培　湖廣麻城官生四十一年任

趙　健　四川劍州恩生四十四年任詳宦績

丁　浚　浙江歸安進士四十七年任

孫可僎　湖廣崇陽舉人天啟二年任詳宦績

顧懋光　江南通州官生五年任

沈弘業　直隸慶都舉人五年任

周仕國　江西寧州舉人七年任
姚繼崇　浙江歸安舉人崇正四年任
陳　逵　四川奉節舉人六年任
章金鉉　四川漢州舉人九年任
趙邦琦　貴州黎平舉人十四年任
國朝因明制設河東陝西都轉鹽運使司鹽運使順治
五年始頒專勅康熙六年始兼理鹽法道事
董宗聖　奉天監生順治三年任
佟延年　奉天監生三年任
彭有義　奉天監生五年任

陳　喆順天大興供事七年任

龔如錫直隸永年進士十一年任

李月桂奉天貢生十六年任

馮達道江南武進進士十七年任

閔三元奉天廣寧貢生康熙二年任

蔡永華山東蓬萊貢生四年任

張一魁奉天廣寧官監八年任

張應徵山東官生十年任

程啓朱湖廣黃岡進士十五年任

高夢說山東費縣副榜十七年任

張鵬翮四川遂寧進士二十四年任詳宦績

蘇昌臣奉天遼陽廕生二十七年任詳宦績

許桓齡江南歙縣貢生三十年任

顏光猷山東曲阜進士三十五年任

尤　汝奉天海城官監四十一年任

石文彬滿洲廕生四十三年任

李　馥福建福清舉人五十三年任詳宦績

郭　裕江南徐州貢生五十五年任

金啟勲正白旗監生雍正二年任

段如蕙雲南河陽拔貢三年任

朱一鳳 順天涿州進士四年任

楊夢琰 江南丹徒進士六年任

姚培和 江南婁縣進士七年任

程仁圻 貴州貴陽進士十一年任

高山 山東歷城進士

儲龍光 江南宜興進士乾隆三年任

鄧釗 江西南昌貢生

張任 山東蓬萊貢生四年任

郭一裕 湖北漢陽監生八年任

武忱 蒙古正紅旗人廕生十五年任

那丹珠滿洲鑲白旗人官生十八年任

吳雲從浙江石門進士乾隆十六年任二十三年復現任

元制運使外設同知一員副使一員運判一員

運同

王中順至元癸未任

焦　榮至大三年任

宋天瑞皇慶二年任

明因元舊運同駐劄池南專管南場鹽務

趙　璿山東歷城監生成化三年任

侯　蓋江南華亭舉人九年任

李　鼎陝西泰州舉人十七年任

王　琳江南崑山舉人二十年任

劉　羽　山東舉人二十三年任

王　憲　直隸晉州監生宏治元年任

潘　理　浙江餘姚人元年任

黎世榮　交趾監生六年任

胡　賛　浙江餘姚進士六年任詳宦蹟

程　憲　江西浮梁舉人十四年任

婁　睿　浙江嘉興舉人正德二年任

郝　海　直隸祁州進士三年任

宋　晃　直隸定興監生六年任

李邦彥　直隸薊州監生八年任

張　奎　河南裕州舉人九年任

廖　俊　江西新淦進士九年任

曹宗璉　河南鄭州舉人十二年任

田　蘭　直隸清苑進士十六年任

王承恩　直隸高陽進士嘉靖五年任

毛麟之　江南壽州進士七年任

吳　寅　江蘇常熟舉人八年任

李繼光　河南湯陰官生十一年任

牟　泰　四川巴縣進士十二年任

喬　祺　順天涿州進士十五年任

孫　隆　山東范縣舉人十七年任

劉啟東　河南羅山舉人十八年任

張　木　浙江鄞縣舉人二十一年任

陳　棟　順天寶坻舉人二十二年任

劉　勳　湖廣潛江舉人二十五年任詳宦績

鄭　寅　浙江餘姚進士三十年任

姚良弼　武功衛進士三十二年任

彭　澄　江西萬載舉人三十四年任

袁成能　福建閩縣舉人三十五年任

王　溥　錦衣衛進士三十六年任

宋繼祖　四川漢州進士三十八年任

劉時舉　江西吉水舉人四十一年任

楊一鶚　直隸曲周進士四十五年任

王　閬　直隸清苑進士四十五年任

陸　東　河南祥符進士隆慶三年任

王以纁　順天文安進士四年任

朱文益　江西浮梁舉人六年任

陸一鵬　浙江餘姚進士萬曆三年任

王琢玉　山東莘縣進士五年任

薛　紹　湖廣江陵舉人六年任

牛可麟河南祥符進士八年任

吳淵山東汶上官生十一年任

梁式山東冠縣進士十二年任

劉維城河南項城官生十四年任

鄧于蕃廣東南海舉人十五年任

黃兆隆浙江餘姚進士十七年任

張第山東茌平進士二十一年任

俞指江南休寧舉人二十五年任

葉修江西南昌進士二十七年任

胡士驁福建詔安進士二十七年任

馬　英山東東阿舉人二十九年任

祝以關浙江海寧舉人三十八年任

鄭崇厚直隸淶水舉人四十三年任

孫可俁湖廣崇陽舉人四十八年任

鄧全悌廣西全州舉人天啟三年任

胡崇英錦州舉人五年任

盧友竹崇正三年任詳宦績

國朝因明制初設運同一員康熙十六年裁雍正二年

改運判爲運同專司渠堰工程

佟延年奉天監生順治三年任

蔡獻瀛　江南宿遷恩貢四年任

鄭弘圖　奉天監生六年任詳宦績

王宏猷　山東平原貢生七年任

徐化龍　浙江山陰進士十一年任

朱之瑞　奉天貢生十五年任

張之璧　江南通州進士十八年任

黃　標　奉天貢生康熙六年任

祁　彥　奉天廣寧貢生十年任

劉維世　奉天廪生十三年任

王秉忠　奉天舉人十五年任十六年裁缺

嚴士俊順天三河吏員雍正二年復設任事

王又樸直隸天津進士三年任

張　廸江南丹徒舉人七年任

鄧　釗江西南城貢士十三年任

吳朝舜直隸大興舉人乾隆五年任

李　琬山東壽光貢生十四年任

宋　佑江南蕪湖舉人二十三年任

陳克鉉浙江海鹽貢生乾隆二十三年現任

運副

元

程明德

荆思德

喬宗亮至大間任

張忽都答兒延祐元年任

亢澤

明因元舊駐劄安邑專管東場鹽務

孔哲山東莒州監生正統二年任

呂經廣東高要舉人天順三年任

祁溥河南汝州監生成化十一年任

秦環河南南陵監生十五年任

孟聰山東夏津監生二十年任

王惠直隸平谷舉人宏治四年任

張璿直隸南皮舉人六年任

賀思聰直隸永年進士七年任

婁睿浙江嘉興舉人十三年任

劉楫山東益都舉人正德三年任

胡鐸浙江餘姚進士四年任

李鳳河南郾城舉人六年任

任　似四川南充舉人九年任

王崇智山東曹州舉人嘉靖六年任

程伯祥江南績溪監生十年任

丁　相順天清河舉人十二年任

張雲鵬直隸河間舉人十四年任

杜　涇山東泰安監生十五年任

吳　璵陝西華州歲貢二十一年任

劉元夔河南郾城恩生二十三年任

程　儒陝西伏羌監生二十五年任

楊　敷四川西充進士三十二年任

宿光溥　四川夾江舉人三十六年任

鄒文元　福建閩縣舉人三十八年任

王　秩　湖廣漢陽進士四十一年任

張　時　直隸易州進士隆慶元年任

邱　瓚　福建惠安進士三年任

霍維茝　直隸任縣歲貢六年任

陳嘉謨　湖廣湘鄉舉人萬歷元年任

章　述　浙江蘭溪舉人四年任

陳大章　浙江鄞縣進士七年任

任登瀛　山東歷城舉人八年任

蔣邦輔湖廣黔陽恩貢十一年任

任希望順天淸河舉人十二年任

薛　諫浙江山陰儒士十五年任

顧應龍江南無錫進士十七年任

趙有功直隸雞澤舉人二十年任

張　書錦衣衛進士二十二年任

劉邦重江南上海選貢二十六年任

王邦安山東汶上選貢二十九年任

于應龍山東莒州選貢三十二年任

吳守默河南固始選貢三十四年任

張凌雲 山東章邱官生三十五年任

周維正 浙江諸暨監生三十七年任

藍士龍 江西金谿舉人三十九年任

王嘉命 山東平陰選貢四十一年任

馮賓期 江南江都監生四十二年任

王允升 山東鄆城舉人四十四年任

李思賢 江西南城監生天啟四年任

高　偕 直隷灤州監生五年任

邵士垣 浙江鄞縣貢生七年任

沈　渿 浙江烏程貢生崇正元年任

國朝初因明制設運副一員康熙十六年裁缺

范登士奉天遼陽監生順治二年任

張肇斌浙江山陰恩貢三年任

李因之山東長山官監五年任詳宦績

李士正山東堂邑貢生七年任

張希傑奉天貢生九年任

張　逸山東海豐進士十三年任

魏槐祥直隸栢鄉拔貢十八年任

邊之元直隸任邱拔貢康熙七年任

夏　霖江南江陰進士十六年任是年裁缺

運判

元

何至道

忻都

明因元舊駐劄解州專管西場鹽務

楊浩山東濟寧舉人景泰二年任

劉斌河南新鄉舉人天順八年任

張璿陜西安定監生成化五年任

張綸江南睢寧監生十五年任

辛純河南襄城舉人十七年任

李節山東泰安監生十九年任

王績四川蒼溪監生二十三年任

袁翱江南松江進士宏治二年任

馬夔順天大興舉人十年任

武銳山東魚臺監生正德三年任

吳瓚直隸舉人五年任

李應正河南儀封舉人九年任

楊士魁河南蘭陽進士十年任

高遷山東茌平舉人十四年任

杜盛順天寶坻進士嘉靖六年任

廖　軫　江西崇仁舉人七年任

張　恭　山東招遠監生十年任

韓　暹　陝西保安監生十一年任

趙　業　福建同安吏員十六年任

張大綱　順天霸州監生二十一年任

董子儀　江南上海進士二十四年任

田　潭　山東聊城監生二十八年任

朱　性　直隸沙河監生三十二年任

董士奇　江南武進監生三十三年任

李一德　江西吉水監生三十七年任

荆守約直隸安肅監生四十四年任
高璨直隸清苑監生隆慶元年任
林奇才福建晉江進士三年任
范津江西樂平官生四年任
孫臣直隸容城舉人萬歷二年任
李梧四川瀘州進士六年任
黃宗周四川梁山貢生七年任
梁符山東汶上舉人十一年任
戴文佩江西浮梁監生十四年任
孔祖堯廣西臨桂舉人十五年任

王　祺直隸開州進士十六年任

吳　兗浙江山陰監生十八年任

章國賢直隸遷安選貢二十年任

黃世典江西南豐監生二十二年任

呂印昌浙江餘姚進士二十五年任

陳春雷浙江永嘉監生二十九年任

李　旦山東諸城舉人二十九年任

黎民敏四川樂至選貢三十三年任

王建中浙江平湖進士三十四年任詳宦績

顏悅道直隸魏縣進士三十五年任

張藍瑭　直隸邯鄲監生三十五年任

王德溥　江西上饒監生三十六年任

田一井　直隸安州進士三十七年任

吳　化　湖廣黃安進士三十八年任

崔謙吉　直隸魏縣歲貢三十八年任

陳　鑑　雲南石屏進士三十九年任

岑鳳翔　江南邳州選貢三十九年任

林景耀　福建福清人四十三年任

鄭安民　貴州安化人四十四年任

胡宗漢　山東臨清人四十六年任

趙宋儒浙江平湖舉人大啟元年任

史躬盛浙江烏程進士三年任

李　森山東日照貢生五年任

鄭武烈福建龍溪恩貢七年任

巫　彬江南當塗貢生崇正元年任

王　域直隸滄州貢生三年任

國朝初因明制設運判一員康熙十六年裁二十四年

復設雍正二年改為運同缺運判仍裁

郭寅日福建同安選貢順治二年任

張希傑奉天貢生四年任

孫　茂奉天監生七年任
郭顯功遼陽貢生十一年任
華愈燦湖廣興國恩貢十三年任
孫開祚湖廣荆州拔貢十七年任
徐念肅江南華亭貢生康熙八年任
黄炳先江南溧陽貢監十二年任
俞鳳章順天宛平教習十五年任
崔應龍奉天遼陽監生二十四年任
李國良浙江山陰人三十八年任
鄭一楓福建福清歲貢四十三年任

金　煊　鑲白旗監生四十六年任

王令德　正白旗監生五十三年任

分駐運城州判

國朝乾隆二十七年覆准解州州判移駐運城專管一州四縣糧捕水利協辦鹽務工程　題定繁難調缺

熊名相貴州大定拔貢乾隆二十三年任二十七年移駐現任

即祚康安徽歙縣副貢乾隆二十九年由平定調任

經歷

元時運司屬設經歷一員以承事承德郎掌之

李忽都不花

普顏台

張念通

明因元舊

霍　謙山東濟寧監生成化十五年任

孫　廣直隸安州監生宏治元年任

韋　傑陝西秦州監生二年任

王　儉湖廣麻城監生十六年任

曾　詢　河南商城監生八年任

謝　宏　江南南陵監生十五年任

韓　旺　山東海豐監生正德五年任

孫復亨　山東招遠人十四年任

霍　紳　直隸衡水監生嘉靖四年任

汝　瓚　江南吳江監生八年任

崔　岳　直隸廣宗監生十七年任

毛　恕　直隸新樂監生二十二年任

劉　鉦　江南通州選貢三十二年任

孫光祖　順天武清歲貢三十四年任

辛　珮河南許州監生三十七年任

蔣德懋江南武進監生四十二年任

楊文輝江南淮安監生四十五年任

留元嶽福建晉江監生隆慶二年任

王　嵩直隸趙州監生六年任

程嗣爵江南歙縣監生萬歷二年任

黎紹詵廣東順德舉人五年任

陳允纓山東益都監生七年任

柳　明山東臨清舉人十年任

朱景昇江南崑山監生十二年任

趙　址山東萊陽選貢十六年任
曾　緯湖廣衡陽舉人十九年任
馮世泰浙江慈溪監生二十年任
孫鵬程山東歷城選貢二十二年任
周仲任四川仁壽進士二十三年任
霍與瑞廣東南海舉人二十四年任
蘇　攀福建海澄選貢二十六年任
吳學廣福建上杭吏員二十九年任
余　森江南廬江吏員三十一年任
李　挺江西南昌監生

趙汝德 江南廬江監生

柯應第 江南貴池監生

董成名 江南武進監生

汪大進 江南徽州監生

徐允薦 山東海豐舉人

潘汝霖 江南建平監生

壺廷靖 浙江杭州監生

李應登 順天武清貢生

錢元善 江南通州選貢

蔣士麟 廣西全州官生

林　昂福建漳州官生

王之鞏陝西醴泉貢生

李世顯浙江烏程監生

邊大舜直隸任邱舉人

朱國輔江南崑山舉人

國朝

張學智山東樂平貢生順治三年任

俞　璧浙江山陰進士八年任

林有本順天大興進士十二年任

李泳昌直隸任邱人十三年任

陸舜臣　浙江山陰歲貢十六年任

楊霞山　山東臨淄進士康熙元年任

王起龍　奉天貢生八年任

葉獻章　順天宛平舉人十九年任

趙光城　山東郯城監生二十五年任

邵一柱　江南石埭吏員三十三年任

王　烈　順天宛平吏員四十三年任

鄔懋象　江南丹徒監生四十五年任

王克慎　順天宛平貢生雍正二年任

楊　鎬　江南懷寧監生九年任

李　龑江南石埭吏員乾隆七年任

夏禮賢浙江餘姚吏員二十三年任

鄔升基江蘇監生乾隆二十八年現任

知事

元時運司屬設知事一員將仕佐郎從事郎爲之

趙　顒

關世傑

明因元舊

夏欒正　江西安福人成化二十二年任

方　果　浙江慈谿吏員宏治六年任

趙　恕　直隸河間吏員七年任

韓　璋　直隸威縣監生十五年任

李思嚴　直隸衡水監生正德六年任

李繼明 湖廣崇陽吏員九年任

姚　璉 直隸博野監生十五年任

蔡　鴻 江南潛江吏員嘉靖三年任

曾　宜 江西臨川知印八年任

段尚絅 河南伊陽吏員十四年任

姚　惠 直隸定興吏員十八年任

李　遠 江西豐城知印二十年任

白　忠 直隸靈壽吏員二十一年任

楊　琥 江西安仁吏員二十二年任

章煥然 湖廣善化知印二十六年任

趙循秀　浙江臨海監生三十一年任

吳原志　福建連城吏員三十四年任

劉國良　浙江山陰知印三十五年任

劉　綱　江南無爲吏員三十五年任

陳時夏　直隸大名知印三十八年任

李鳳池　山東鉅野監生四十二年任

田　耕　河南湯陰歲貢四十四年任

李　椿　江西豐城知印四十五年任

桂　詔　江南合肥吏員隆慶三年任

吳邦彥　江西高安吏員萬歷元年任

趙棟雲南賓州吏員二年任

喬巖河南商邱進士四年任

蔣人方湖廣鍾祥知印五年任

張九鶴順天霸州儒士七年任

曹儒湖廣武昌吏員十年任

陳已聞湖廣武陵官生十五年任

蔣昉江西廬陵監生十七年任

王邦禮山東長山舉人二十年任

王臣陝西甘州選貢二十三年任

譚誥廣東東莞吏員二十五年任

鄒三傑　福建清流吏員二十七年任

鄧錫爵　江西新淦吏員三十年任

國朝因之乾隆二年移駐池內

王存鏊　山東邱縣選貢順治五年任詳宦績

佟希堯　奉天貢生七年任

王恩問　陝西富平吏員十一年任

李永昌　直隸任邱舉人十三年任

許彭年　順天大興拔貢十四年任

潘　玉　浙江浦江吏員康熙三年任

高俊升　浙江秀水舉人五年任

黨應乾　順天大興供事十五年任

朱祥麟　順天大興吏員二十四年任

黄廷鐸　鑲紅旗監生四十三年任

董文化　順天涿州監生雍正三年任

潘　標　順天永清吏員乾隆元年任

沈　祓　浙江山陰監生乾隆十五年現任

運庫大使

國朝雍正三年新設

鄭士俊山西文水舉人乾隆二年任

倪日覲江南山陽舉人九年任

鮑忠敎江南歙縣貢生十五年任

周　仁江南婁縣貢生二十三年任

趙　椿湖南巴陵貢生二十三年現任

場官

元時有八場凡秘書省校書郎各衛兵曹叅軍併縣尉主簿皆得與選後分爲四場東池二場曰常滿曰鹽北西池二場曰紫泉曰會商場設官四員三監池一領縣事

李文質方集場

元昭慶常滿場

韓　偘鹽北場

李廣成靑鼻場

高　峯分雲場

韋　厚 紫泉場

柳　翊 下封場

崔　阡 資國場

明裁四場為東西二場每場官二員成化間添中場亦設官二員姓名無考

國朝設東西中三場大使係未入流雍正六年給八品銜

中場大使

胡文榜 浙江山陰吏員康熙五十八年任

陳鎬文 浙江餘姚副榜雍正六年任

盧　潮　江南邳州州同七年任

鄒攀梁　湖廣麻城舉人乾隆五年任

鮑孔謂　江西浮梁舉人十一年任

薛清芳　河南孟縣拔貢十六年任

詹兆駒　浙江常山監生二十年任

裴　吉　四川華陽舉人乾隆二十一年現任

蕭　躍　江西盧陵監生乾隆二十八年現任

東場大使

諸　鼎　順天宛平吏員康熙四十二年任

楊國瑗　順天大興吏員五十六年任

陶銘恩　浙江嘉興吏員雍正九年任

劉志仁　直隸饒陽舉人乾隆四年任

張三仁　湖南寧遠舉人十一年任

凌元璟　江西新建舉人十三年任

朱樹桂　江南沭縣監生乾隆二十三年現任

西場大使乾隆二十七年移駐解州

張應遜陝西高陵人康熙五十七年任

姜　泳順天大興吏員六十一年任

董艮弼浙江烏程舉人乾隆二年任

丁長[illegible]江南如皋監生八年任

張卿子直隸南皮貢生十一年任

胡一麟浙江會稽監生十二年任

楊廷倬江南長洲監生十三年任

楊希堯直隸永年舉人十八年任

孟宜恭山西太谷例貢乾隆二十七年現任

運城巡檢

吳效伯　順天大興供事雍正七年設

丁祚錫　順天昌平州吏員

朱衣黙　浙江山陰吏員

張世恭　四川郘化吏員

王玉山　湖南武陵吏員

乾隆二十七年裁缺　按防護鹽池巡檢共有三員長樂鹽池二司隸解州聖惠司隸安邑已見解安兩志

運學教授

明

鍾昇 山東德州歲貢

范景 山東沂州舉人

石雲 江南揚州舉人

吳九成 河南襄城舉人

房通 江南鳳陽歲貢

郝尙禮 陝西郿縣舉人

鄭樞 江南太平歲貢

唐淵 江南鳳陽歲貢

梁宇 順天昌平歲貢

王上林　山東掖縣歲貢

李　晉　陝西中部歲貢

牛復仁　河南葉縣歲貢

王汝成　直隸慶雲歲貢

陳義方　陝西莊浪歲貢

雲　行　江南廣德歲貢

趙夢陽　湖廣漢川歲貢

崔　淵　河南安陽歲貢

谷嘉謀　直隸晉州歲貢

游　霽　河南汝陽歲貢

劉　釆山西交城歲貢

麻友松直隸慶都歲貢

牛學顔山西沁水歲貢

徐國正江南宣城歲貢

劉重光陝西鳳翔舉人

劉名久山東海豐恩貢

潘可久江南青浦舉人

李　梧陝西兩當選貢

國朝

趙　印廣昌歲貢

路　義永和拔貢

李席琦屯留歲貢

張光遠陽曲歲貢

嚴爾泰長治拔貢

張體元曲沃進士

葛應旂祁縣歲貢順治五年任

張養秀崞縣歲貢十年任

李鼎生洪洞進士十七年任

趙　璋聞喜舉人康熙四年任

李鼎生洪洞進士十年復任

鄭　恂稷山舉人十七年任

姚吉人徐溝舉人十九年任

李　章太原拔貢二十八年任

賈三芳汾陽歲貢三十年任

王　鐫曲沃舉人四十八年任

秦　棟翼城歲貢四十九年任

郝　鏞翼城進士五十二年任

趙連璞介休舉人五十八年任

高　卓絳縣進士雍正元年任

賈若瑚陽曲捐貢

李珊玉平定副榜

殷台杰朔州進士

王　晃孝義舉人

馬慶餘壽陽進士乾隆二十六年任

崔映淮代州進士二十八年現任

訓導

明

唐臣

王環　江南靈璧歲貢

劉雋　山東益都歲貢

李仁　河南溫縣歲貢

張鳳　山東掖縣歲貢

江文　直隸棗強歲貢

閻虎　河南南陽歲貢

黄孜　江南六安歲貢

李綿　河南歲貢

崔欽　直隸河間歲貢

劉敬　河南永寧歲貢

孔祿　河南登封歲貢

郤年登　河南靈寶歲貢

王潭　山東掖縣歲貢

李概　直隸新安歲貢

董綬　萬泉右衛歲貢

蓮三策　直隸安州歲貢

郭維藩　陝西三原歲貢

樊思誠陝西隆德歲貢

孫　潔直隸青縣歲貢

王　策直隸唐山歲貢

楊　璋河南宜陽歲貢

蔣希琬直隸大名歲貢

江　鴻河南內鄉歲貢

王繼志直隸遷安歲貢

司道亨直隸無極歲貢

李調陽山西清源歲貢

西景伊河南安陽歲貢

陳九德山東蒲臺歲貢

李　乘河南洛陽恩貢

孫養朴山東鄒平歲貢

鄭　佳陝西延長選貢

祁　才陝西安化選貢

郭　鵬陝西寧州歲貢

張正蒙山西長治歲貢

王希曾太原左衛歲貢

趙首登山西貢生

國朝

馬永昇絳州歲貢
王誠一孟縣歲貢
丁紹祚河曲歲貢
劉復興隰州歲貢
梁　琦太平歲貢
韓　城長治歲貢順治十年任
張　繡平定歲貢十三年任
戴元涎翼城歲貢十六年任
韓萬選沁水歲貢康熙二十四年任
張　發安邑歲貢二十八年任

王世逢陽曲拔貢三十一年任

趙文蔚長子歲貢三十五年任

劉之俊交城歲貢四十五年任

范　斌崞嵐歲貢五十一年任

韓復琦絳州歲貢五十八年任

李　曾陽城歲貢雍正三年任

李之莊曲沃捐貢

宮遇世繁峙歲貢

楊發光絳州歲貢乾隆二十年現任

運城營守備

白世鳳 山西陽曲人

雍正十年改設都司

田鳳鳴 陝西西寧人功加

李遇春 陝西咸寧侍衛

魏　良 陝西藍田人功加

馬建學 寧夏武進士

李　照 天津武進士侍衛

瑚　海 滿洲正紅旗人侍衛現任

把總

宋標　武舉

郭世耀

孫正

畢富

宦績

漢

黃霸淮陽陽夏人少學律令以廉察稱補河東均輸長

西魏

辛慶之隴西狄道人少以文學徵對策第一大統中周太祖東伐爲行臺左丞時初復河東以本官兼鹽池都將四年東魏攻正平郡陷之遂欲經畧鹽池慶之守禦有備乃引軍退河橋之役大軍不利河北守令棄城走慶之獨因鹽池抗拒强敵時論稱其仁勇六年行河東郡事九年復行郡事慶之本性儉素志量

淹和有儒者風度拜秘書監卒

隋

姚暹大業中爲都水監先是鹽池患客水遥潦永豐舊渠兼築堤堰自安邑楊家莊西至臨晉五姓湖以入於河客水有所歸至今名其渠曰姚暹渠

唐

姜師度魏州人開元中爲河中尹鹽池廢涸師度發卒開洫引流以灌鹽池置鹽屯公私兼利

裴諝字士明聞喜人寬子大歷中爲河東租庸鹽鐵等使時關輔大旱諝入計代宗召見便殿問諝榷酤之

利二歲出入幾何請久之不對上復問之對曰臣有所思上曰何思對曰臣自河東來其間所歷三百里見農人愁歎穀菽未種誠宜軫念閔人之疾苦而乃責臣以榷酤由是未敢即對也上前坐曰微公言吾不聞此拜左司郎中歷東都副留守卒贈禮部尚書

司空輿河中虞鄉人大中時盧宏正管鹽鐵表爲兩池榷鹽使輿修固堤壕禁盜鹽與鬻鹻者無敢犯課入歲倍用度賴之遷戶部郎中

馮輿以詹事司直知解州鹽池不直守制阜財有經

陸位以職方郎中兼侍御史總解鹽池有政績

韋縱正元十一年以大理評事知安邑縣鹽池事明審善斷羣情帖服祀名宦

韓重華朗州武陵人歷兩池榷鹽使度支使盧坦表為代北水運使開廢田列壁二十益兵三千歲收粟二十萬石後為左金吾衞大將軍與甘露之難

後周

張崇祐廣順二年為解州刺史兩池榷鹽使多規畫鹽池利害

宋

宋搏萊州掖人開寶八年為河東轉運使上言大通監

冶鐵盈積可備諸州軍數十年鼓鑄頗權罷採以紓民力又請科諸州丁壯爲兵以增戎備在任十一年

陳堯佐閬中進士爲河東轉運使奏除石灰等稅減冶鐵課歲十萬又預防池患築堤植柳數萬本民賴其利後拜同中書門下平章事

范祥字晉公三水進士歷官陝西制置解鹽遷度支員外郎又改制置解鹽使曉達財利定鹽法後人不敢易嘉祐中包拯言祥通陝西鹽法行之十年歲減榷貨務使緡錢數百萬其勞可錄官其子孫

包拯字希仁廬州合肥人舉進士累官陝西轉運使入

爲三司耿介有風節嘗經度解鹽以通商販軍國賴
之
歐陽修慶歷初以右正言爲河東制置使募民開墾廢
田僩河東賦重奏罷十餘事
李綽元祐間爲解令兼鹽池事自王峪口築堰由東而
北至苦池灘排條山諸谷之水並白沙泛溢之水皆
由池以達於渠後名其堰曰李綽堰
陳安石河陽人嘉祐中爲河東轉運使謂其僚曰興事
當有漸急則擾乃出鹽付民俾以券隨其貿易鬻畢
歸券私販爲減進天祿閣待制至龍圖閣直學士

薛向字師正萬泉人以祖顏廕入官權陝西轉運副使制置解鹽鹽足支十年而歲調畦夫數千向奏省其數又置場原渭以羨鹽之直市馬馬一歲至萬匹向幹局絶人元豐間召同知樞密院後謚恭敏

孫永字曼叔長社人第進士歷陝西都轉運使時邊用不足以解鹽市馬别爲一司外臺不得與永奏鹽馬國之大計使主者專其柄旣無以統隸苟爲非法孰得而制之元豐中知太原府忻代產鹽苦惡不堪食轉運必欲理之以盜販闌越之罪罪兵吏永言鹽民食也不可禁兵武備也不可缺顧以惡鹽累防兵非

計也詔弛其禁

趙賀守餘慶開封封邱人舉毛詩及第爲大理評事鹽池吏欺緡錢選賀往解州鈎校出入悉得其姦

金

范承吉天會八年任河東北路轉運使時承宋季積弊賦額繁重承吉立法簡便官足民裕遷河東南路轉運使

元

姚行簡太宗癸巳年命修理鹽池行簡繪圖以獻上可之乃立司於池之北滸曰路村仍命行簡專掌鹽賦

趙炳字彥明惠州灤陽人至元九年爲京兆路總管時以解州鹽賦給安西王府經費歲久積逋二十餘萬緡有司追理僅獲三之一民已不堪炳啓王曰十年之逋責償一日其孰能堪與其負歉病民孰若惠澤加於民乎王善其言遽命免徵焉

吳從仕至元二十年行中書省以解鹽置司在路村村居野處公私通弊課失歲額思選廉幹委以大計乃辟從仕權理從仕究弊源立新政偕運副王中順共議鹽法首以復還司解州爲便行臺允其議至元癸未還司於解州旣而歲課羨餘不啻倍蓰中順奏聞

乃課其績以從仕爲最遂改授承事郎充解鹽使

典屯茂大德時任河東運使建學課士河東運學始此

阿失鐵木兒皇慶二年任創建池神廟有王緯碑記

那海德俊至正時擢總河陝鹽使於聖惠鎮築鳳凰城

即今運城也

高昌間間至正間任鹽運使有善政嘗復解鹽西場均

鹽利人思其德爲立碑頌之

護廣實至正庚子司鹾著有惠政鹽丁車戶就現在均

派免其包累時有大役運城獨免皆公力也賣零鹽

止收官價交課鈔定鹽草價盜鹽勒數最爲民便

卜顔鐵木兒至正癸卯爲運使嚴緝私販課得充足鹽丁供役者嚴禁吏胥騷擾

明

王驥字尙德束鹿人性剛毅永樂四年進士爲兵科給事中使山西奏免鹽池逋課二十餘萬尋遷山西按察使累官兵部尙書封靖遠伯卒謚忠毅

韓偉瑞安人正統中以太學生擢監察御史巡歷有聲陞河東鹽運使以清愼稱卒於官

孟淮博野人進士成化間爲鹾使因池鹽遠鬻秦豫法難盡行且占種奏討者多不勝掣肘請如淮浙之例

遣御史監臨積弊一清

王臣吉水人河東巡鹽御史自臣始氷蘖自持悉心經畫具得肯綮修築垣塹拮据不倦及將代商人請留一年後卒於官爲立忠愛祠

張泰字世亨祥符人成化戊辰進士以御史監河東鹽課有勢要撓法爲姦疏劾去之後歷官右都御史總制三邊

胡贊餘姚進士宏治間爲運同才識敏練時餘鹽壅積官民俱苦之贊奏請改派稱兩便焉中塲收放鹽課多則病民少則病商贊一歸於平後致政去

胡止羅山進士正德六年巡視河東會流寇逼運城城
僅土堡數尺公與孝廉謝詰謀立調鹽丁萬人增高
四尺許五日而就寇不敢窺士民仰德立衛民祠
張士隆字仲修安陽進士正德八年巡鹽河東劾貪吏
修中條山青石槽以便鹽車又建河東書院興起文
教後爲陝西副使卒
朱裳字公垂沙河人正德九年進士擢御史巡鹽河東
錢寧遣人牟鹽利禁不予累官總理河道
盧煥光山進士嘉靖間巡鹽嚴重有方畧西姚劇賊聚
衆盜鹽爲蠹煥不動聲色靖之

伍全安福進士嘉靖間爲運使有幹濟見鹽車掣支强梁陵蹂乃分定車戸派以三塲序以六班魚貫出入翕然稱便

余光祁門進士視鹺河東剔弊釐姦不畏强禦建正學書院加意作人雖童子亦擇師教之

詹瑩麻城進士嘉靖間爲運使多惠政每旱潦有禱必應又甞修卓刀等堰裨益良多

袁士偉肥城進士嘉靖間爲運使值歲凶道殣相望歎曰此非朝廷赤子乎乃悉召貧民給以工本令入池撈採課充數年而存活萬計

李章長壽進士嘉靖間爲運使性寛政和商民戴德
喻時光州進士嘉靖間巡鹽時姦民誘宗室亂法者立
置之法建風雲雷雨壇立養濟院
柳英巫山進士嘉靖間爲運使倜儻剛直除猾吏剔積
弊勢要豪商莫不歛手屏氣監臨亦雅重之歷任九
年邊無匱餉囊無餘資兩入覲皆以廉能課最
劉勲潛江人嘉靖間任運同清而勤戴星掣放無倦色
尙維持羅山進士嘉靖間巡鹽自奉節儉官方肅清掣
支以時斷絶私販又修書院社學建名宦鄉賢二祠
値歲旱禱雨輒應人謂盛德所感

李楨新昌進士嘉靖間巡鹽時邊餉急赤地千里公正鹽籍遏私販督撈採徧諭所司緩刑薄賦且於院前開道樹坊寓賑於役教育多士稱仁恕焉

方啓參巴陵舉人嘉靖間爲運使節己勤民修城工均挈引葺禁垣捕私販民建祠以祀

周滋諸城進士嘉靖間巡鹽時値地震之後凡祠廟公署悉爲修理池不生鹽已十載餘公爲瀦水濬流獲鹽十倍且淸地築堰雖藩府交怨不恤焉

王諍永嘉進士嘉靖間巡鹽河東以氷蘗名其堂蓋自砥也値大旱禱雨立沛時鄢茂卿爲嵩私人總巡天

下鹽政欲加賦河東諍抗議而沮士民至今德之

郜永春長垣進士隆慶間巡鹽河東收硝池開南場題復南陽舊轄振興書院疏理河渠商民便之

王世能宣城人萬歷間爲運使有惠政恐商力困乏不差役滋擾且親督採鹽商獲大利後卒於官

林祖述鄞縣進士萬歷間巡鹽慈祥篤實極意恤商當開歸割版之日公知大司農已有成心置不與辨事平乃請減鹽課淸壓待又撈採以時緝捕有法公論多之

蔣春芳益都進士萬歷間巡鹽河東新池廟輯志書酌

立鹺規可垂久遠至今賴焉
林國相閩縣進士萬歷間爲運使蘇商惠民尤加意作
人先是正統間永嘉陳偉建運學生徒日盛公創義
倉置學田以廩之又刻厚生纂訓問字錄二書行世
汪以時婺源進士萬歷間巡鹽河東持躬節儉一以鋤
强起弱爲主餘鹽餘銀屢疏執奏爲民請命省公用
銀糴穀三千八百餘石以賑飢民貰鹽丁建太陽廟
王建中平湖人由福建按察使謫河東運判持己淸廉
凡興革大務如壓犄進鹽運發遠商等事以義爭不
爲勢沮

陳于廷字孟諤宜興進士萬歷間爲御史巡鹺河東劾榷稅太監張忠撓鹽政後歷官左都御史卒

楊師程安寧人萬歷三十八年巡鹽河東以清著建雨神廟

趙健劍州恩生萬歷間任鹺司姿性聰穎左右不能欺廉潔自持一介不苟數十年後猶有道其清操者

張潑樂陵進士天啟間巡鹽河東時有困商五十餘家立豁其課杜超掣緩預報一切繁費悉行裁省時朝議加課公持疏痛陳商困獲免去之日留金羅穀幾四千石以備災荒民遮道泣送又創建司東關廟

劉大受泰和人天啟二年以御史巡鹽河東酌量預報裁省添搭删灘地滷價清護池侵地取同苦池租銀作餉募兵又修學甃城人咸感之

孫可僕崇陽舉人天啟間任運使仁慈明敏人咸頌德

李日宣吉水人天啟三年巡鹽河東修八政橋培育才館學舍學田又建宏運書院迎名宿曹眞予先生主講席人德之祀名賢祠

陳廷謨成安進士崇正間巡鹽河東禁劣採親課程清衙蠹調課額俱有成效

王與印新城進士崇正間按鹺革勒民撈採恤壓待商

人會流賊將薄城公素得民心協力堵防城無恙

盧友竹崇正間運同清白自矢攝總司篆痛革陋規禁衙蠹清隱匿又增兵濬壕爲城守計臨機應變調度有法流賊畏公威名引去

楊繩武彌勒進士崇正間巡鹽河東持大體凡事游刃而解不假手於左右先是崇正甲戌運使全署鈌官安邑令張問明署事惟事嚴刑衙役乘機詐害商困遠逃公下車露章劾奏得旨拿問人情悉快公日以招商爲事商乃樂趨又特疏民間疾苦乞免包差之累賑飢民養貧士捐俸贖以葺文廟池神廟表忠祠

以次興舉極重武備修城練兵殆無虛日聞秦寇逼
河躬率士卒沿河堵防民賴以安去之日行李蕭然
商民無不歎泣

姜思睿字顓愚慈谿進士崇正間按鹺河東值歲歉首
出三千金煮粥哺之國課告匱羣商就斃公疏復戶
口乃得生全於四門外置漏澤園共五十餘畝暇則
立社課士且置田以資之與李公日宣楊公鶚並祀
名賢祠

楊鶚武陵進士崇正間巡鹽河東時值荒歉糴粟於太
汾泰渭遍給窮民又築敵臺增守兵河南土寇崔繼

一聞風遠避又置田贍士士咸德之

國朝

朱鼎延山東平陰進士順治三年巡鹽河東建議招商

分引自此始

劉達直隸濬縣進士順治五年巡鹽疏稱續招商人各

認引目多寡有差已得一萬五千張酌量在懷慶潞

澤戶口內分引其不敷之數仍俟招徠以復鹽法

李因之山東長山人順治五年以官監任河東鹽運司

副使清正率屬手不名一錢姜逆不靖殉運城　贈

布政司叅議祀忠烈祠

王存鏊山東邱縣人順治五年以選貢任河東鹽運司
知事姜逆不靖與運使李運同鄭誓死殉城不爲賊
辱時稱三烈　贈布政司照磨祀忠烈祠
鄭宏圖遼東人順治六年以國學任河東鹽運司運同
甫蒞任値姜逆不靖登陴力守城破死之　贈布政
司參政祀忠烈祠
杜珉滿洲人正白旗副都統順治六年運城土賊作亂
勦賊有功運城賴以安全商民德之
劉秉政奉天人順治九年巡鹽河東疏稱池遭水患無
鹽者數載商人零落止存百有餘家課額不敷是以

有分派戶口之議然各屬赴池領鹽民受累害計惟
招商認課而後戶口之累可除從之
曾寅江西清江進士康熙十八年視鹺政疏請開垣西
小池增修池垣
李時謙大興進士康熙二十四年視鹺河東請除五分
加課設督工運判濬渠築堰
張鵬翮遂寧進士康熙間河東轉運使寬厚和平治鹺
有方豁免加增引銀七分商人戴之又督築城隍輒
發四面其功尤鉅
蘇昌臣奉天人康熙二十七年任運使精明幹濟鋭意

釐剔著有鹽政彙纂行世

郝惟謙霸州舉人康熙二十八年以御史巡鹽河東疏

請定渠堰按丁之例民皆稱便又疏請除加課七分

李馥福清舉人康熙五十三年爲運使當鹽法初變之

後公持身清介裁去陋規優禮士夫講究利弊聽斷

公明擢蘇松糧道

《山西文華》編纂委員會 編

山西文華·史料編

解州安邑縣運城志

第二册

卷六至卷十六

清 陳克鋐等◎修 清 熊名相等◎纂

山西出版傳媒集團
三晉出版社

山西文華

解州全志卷之六　安邑縣運城

選舉上

進士

明

天順八年甲申科彭敎榜

張　璡　黎平知府詳人物

成化二年丙戌科羅倫榜

張　岫　遼東巡撫詳人物

成化五年己丑科張昇榜

張　璲　太僕少卿詳人物

成化十一年乙未科謝遷榜

馬　璠　湖廣僉事

成化十四年戊戌科曾彥榜

張　芮　太常寺卿詳人物

正德九年甲戌科唐皐榜

曲　環　陳州知州

相世芳　刑部郎中詳人物

張淳甫　戶部主事詳人物

祁　鶴　山東副使詳人物

正德十二年丁丑科舒芬榜

謝　誥戸部員外詳人物

嘉靖二年癸未科姚淶榜

張時亨河間府教授

嘉靖十一年壬辰科林大欽榜

孫繼先咸寧知縣

嘉靖十四年乙未科韓應龍榜

楊　奬工部主事

嘉靖十七年戊戌科茅瓚榜

劉　選

嘉靖二十三年甲辰科秦鳴雷榜

胡志夔延綏巡撫詳人物

嘉靖三十二年癸丑科陳謹榜

劉得寬河南僉事詳人物

嘉靖四十一年壬戌科申時行榜

王　宇陝西副使詳人物

丁　誠陝西副使

嘉靖四十四年乙丑科范應期榜

楊一魁工部尚書詳人物

董汝漢河南布政萬泉人

隆慶二年戊辰科羅萬化榜

解學禮陝西叅政詳人物

萬歷二年甲戌科孫繼臯榜

張雲翷吏部郎中詳人物

萬歷五年丁丑科沈懋學榜

劉敏寬兵部尚書詳人物

萬歷十七年己丑科焦竑榜

王國楨陝西叅政詳人物

萬歷二十年壬辰科翁正春榜

曹于汴左都御史詳人物

萬歷二十三年乙未科朱之蕃榜

天啟二年壬戌科文震孟榜

王毅 沂直隸參政

萬曆四十七年己未科莊際昌榜

康四海 江西按察詳人物

萬曆四十一年癸丑科周延儒榜

任正斗 行人詳人物

萬曆三十二年甲辰科楊守勤榜

劉顯文 吏部郎中詳人物

萬曆二十六年戊戌科趙秉忠榜

楊一桂 御史詳人物

裴君賜給事中詳人物

李日儼河南知府詳人物

劉席民兵部主事詳人物

崇正元年戊辰科劉若宰榜

張鳳鳴東昌知府

崇正十六年癸未科楊廷鑑榜

丁期昌揚州推官詳人物

朱永康平樂推官蒲州人

國朝

順治三年丙戌科傅以漸榜

馬纘緒黄州推官

張聯第渭南知縣

王春陽萊蕪知縣臨晋籍

順治九年壬辰科鄒忠倚榜

馬光啟户部員外詳人物

順治十五年戊戌科孫承恩榜

尚翼岐知縣臨晋人

馮昌奕知縣蒲州人

順治十八年辛丑科馬世俊榜

謝櫑齡思明同知詳人物

康熙三年甲辰科嚴我斯榜

賈待聘竹山知縣夏縣人

康熙六年丁未科繆彤榜

王　斌丙戌京榜會魁中書

康熙十二年癸丑科韓菼榜

王尹方壬子經魁會魁侍郎詳人物

丁廷楗鳳陽知府詳人物

康熙二十一年壬戌科蔡升元榜

喬宏德安東知縣詳人物

康熙二十四年乙丑科陸肯堂榜

景應熊 東陽知縣

劉喬齡 武進知縣

康熙二十七年戊辰科沈廷文榜

何遠 禮部員外詳人物

康熙三十三年甲戌科胡任輿榜

康行僴 工部主事詳人物

康熙三十六年丁丑科李蟠榜

喬于溙 萬年知縣猗氏人

王晫 湖口知縣

康熙三十九年庚辰科汪繹榜

謝　彪

喬于瀛右江道猗氏人

康熙五十四年乙未科徐陶璋榜

景四維涇縣知縣詳人物

惠克廣滋陽知縣

康熙六十年辛丑科鄧鍾岳榜

姚　滑郎中臨晉人

乾隆四年己未科莊有恭榜

朱　洽德化知縣

乾隆十三年戊辰科梁國治榜

宋　鑒南雄通判

乾隆二十六年辛巳科王杰榜

王　宓永寧知縣

郭　璣臨晉籍住運城

舉人

明

正統六年辛酉科

曲　巘鎮江知府詳人物

景泰七年丙子科

張　璡見進士

張　岫見進士

陳　齡韓府長史猗氏人

成化元年乙酉科

張　璲見進士

成化四年戊子科

薛　海　麟遊知縣

成化十年甲午科

馬　璠　見進士

成化十三年丁酉科

張　芮　見進士

馬　玠　陵縣知縣

郭　崧　西安同知，謀入物

李　勝　順天中式，曲周知縣

成化十六年庚子科

宋　玘柘城知縣

成化十九年癸卯科

侯　禋西安同知

路　顯茌平知縣

張　聰均州知州

李　偉河南衛經歷

成化二十二年丙午科

張　璧隆慶知州

宏治五年壬子科

張　棻陝西僉事詳人物

張　蔓辰州知府詳人物

喬遷岐西安同知

薛　甫河内知縣

南　濵

宏治八年乙卯科

張　莛解元建寧同知詳人物

馬　栻西安同知

郭名世永清知縣

宏治十一年戊午科

郝　淸東昌推官

李　昉泰安知縣

謝　譽泰安知州詳人物

宏治十四年辛酉科

白　錦文安知縣

王　誼良鄉知縣

王　鎬信陽知縣

宏治十七年甲子科

謝　誥見進士

曲　環見進士

正德二年丁卯科

祁　鶴見進士

正德五年庚午科

相世芳見進士

張濂甫陝西僉事

張　祚平凉同知

孫　環原武知縣

正德八年癸酉科

王一中交河知縣詳人物

趙　璡隴州學正

張淳甫見進士

正德十一年丙子科

崔　金滕縣知縣

崔　巍肥城知縣

劉　鎬西平知縣

張垺亨見進士

正德十四年己卯科

孫繼先見進士

嘉靖元年壬午科

王　命亞元苑馬寺丞詳人物

楊　爕見進士

翟　潤

嘉靖四年乙酉科

常　蛟

喬一峰 膚施知縣

孫由義 沈邱知縣

嘉靖七年戊子科

張艮知 戶部員外詳人物

張　誼 山陽知縣

何天錫 西鄉知縣

馬天驎 京榜側貢

嘉靖十年辛卯科

王嘉會　洛川知縣

嘉靖十三年甲午科

張邦柱　靜寧知州

邱民望　慶陽通判

嘉靖十六年丁酉科

張艮甫

李維喬　河州知州

劉　選　由汝陽庠中式見進士

嘉靖十九年庚子科

胡志夔見進士

劉從寬亞元

嘉靖二十二年癸卯科

李 柟會寧知縣

嘉靖二十五年丙午科

馬紹賢韓城知縣

路 柟福寧知州

嘉靖三十一年壬子科

張 集監察御史詳人物

劉得寬見進士

劉弼寬臨洮同知詳人物
馬時才臨城知縣
嘉靖三十四年乙卯科
楊聯芳猗氏人
趙文奎景州知州
馬紹英南京戸部主事詳人物
喬翔鳳河內知縣
嘉靖三十七年戊午科
楊一魁見進士
王宇見進士

蘇養蒙兩浙運使

王士魁莊浪知縣解州人

嘉靖四十年辛酉科

李夌玉平凉推官

董汝漢萬泉人見進士

宋應昌交河縣知縣

丁　誠見進士

李如金嶧縣知縣聞喜人

嘉靖四十三年甲子科

宋　洛鞏昌同知

喬起鳳陝西行太僕卿詳人物

張邦臣行唐知縣

解學禮見進士

隆慶元年丁卯科

郭之屏獲嘉知縣

崔　沂

隆慶四年庚午科

劉崇文見進士

王士毅昌化知縣

劉濟敎兩當知縣

馬邦珍 肇昌同知詳人物

劉遇隆 平陸人府志作劉遇

孫榮先

賀朝嘉 解州人府志作家

杜可久 解州人

萬曆元年癸酉科

祁士充 鶴之子

馬登高 即墨知縣

王　津 瀘州知州

張雲翺 見進士

萬歷四年丙子科

劉敏寬 亞元見進士

張　泉 濂甫子

劉行寬 弼寬弟

樊民望

萬歷七年己卯科

李　圭 鞏昌同知詳人物

王應期

景登第 歸德同知

薛　郭 漢中通判

劉中寬商南知縣

石岑

萬歷十年壬午科

馬崇化

閻庚寧羌知州

楊學詩保定通判詳人物

王國楨見進士

萬歷十三年乙酉科

宋時際刑部郎中詳人物

曹信之

萬歷十六年戊子科

楊一桂見進士　　劉登相夏縣人

韓冲斗夏縣人

喬士鶚鉛山知縣詳人物

竇師偁眉縣知縣詳人物

萬歷十九年辛卯科

曹于汴解元見進士

宋時勲亞元沭陽知縣

楊時隆更名騰光

王廷俊歸德同知詳人物

王一大澤州學正

萬歷二十二年甲午科

令狐一仲同知猗氏人

馮士奇長史解州人

王化熙

王嘉績　武清知縣

萬歷二十五年丁酉科

康四海見進士

周天允浙江叅政

萬歷二十八年庚子科

劉定民

孔問官雲南提舉

萬歷三十一年癸卯科

任正斗見進士

萬歷三十四年丙午科

喬國棟亞元羅山知縣

喬國楨六合知縣詳人物

萬歷三十七年己酉科

劉宅民鳳翔知府

王凝祚見進士

萬歷四十年壬子科

裴君賜見進士

李日儼見進士

劉席民順天中式見進士

張希伊

萬歷四十三年乙卯科

胡承裕榮陽知縣詳人物

萬歷四十六年戊午科

胡舜封解元上蔡知縣詳人物　賀道昶神木道詳人物

裴章美夏縣人

天啟四年甲子科

景永祚 詳人物

天啟七年丁卯科

張精蘊 洋縣知縣

李正傑 衛輝府推官

李正佐 郟縣知縣詳人物

張鳳鳴 見進士

崇正三年庚午科

鄭　輝 僉事夏縣人

崇正六年癸酉科

張世則宜興知縣

劉光斗平凉推官夏縣人

崇正九年丙子科

丁朗昌見進士

康宏謨

景　星詳人物

王　瑞濟南推官蒲州人

王洪印惠安知縣蒲州人

崇正十二年己卯科

王天倪松陽知縣

朱永康蒲州人見進士

崇正十五年壬午科

郭堯里

馬廸吉順天治中詳人物

夏縣人

李啟龍榮河人

國朝

順治二年乙酉科

馬纘緒見進士

張聯第見進士

萬敷典詳人物

王春陽臨晋籍見進士

張　錢

順治三年丙戌科

王　斌順天中式

靳能健

順治五年戊子科

謝彖超沙縣知縣詳人物

謝彖申潮陽知縣詳人物

曹孕樾平陸人

尚翼岐臨晋籍見進士

順治八年辛卯科

馬光啟見進士

順治十一年甲午科

康宏猷解元詳人物

陳澄度

賈元旌教諭臨晉人府志作賈顯

順治十五年戊戌科

馮昌奕蒲州人見進士

順治十七年庚子科

謝檀齡見進士

侯世忠夏縣人知縣

賈待聘夏縣人見進士

康熙二年癸卯科

祁　斌延慶知州詳人物

康熙五年丙午科

楊飛龍

康熙八年己酉科

丁廷楗見進士

康熙十一年壬子科

王丹方見進士

喬宏德見進士

康熙十四年乙卯科

張　鍔

張　侗絳縣教諭

張　寅襄陵教諭

張體壯曲沃八知縣

康熙十六年丁巳科

景　諫內閣中書

李秉温蘇州同知

康熙十七年戊午科

謝檜齡戶部主事詳人物

景應熊見進士

康熙二十年辛酉科

蔡　珍夏縣人

劉喬齡見進士

康熙二十六年丁卯科

何　遠見進士

康熙三十二年癸酉科

康行僩見進士

謝　鼒見進士

康熙三十五年丙子科
劉仁恕吉水知縣
喬于瀛猗氏人見進士
班齊超聞喜人
康熙三十八年己卯科
文射斗
康熙四十四年乙酉科
喬于沆解元陽曲教諭猗氏人
相　瀛
尙　友臨晉人

康熙四十七年戊子科

郭建極

康熙五十年辛卯科

侯長庚

惠克廣見進士

常上闓喜人

康熙五十二年癸巳恩科

景四維見進士

丁十仁

康熙五十三年甲午科

翟遐觀聞喜人

楊林峰詳人物

郭　邵詳人物

張懷瑜靑苑知縣

姚　滑臨晉人見進士

馬尹方河津人

康熙五十六年丁酉科

郭二成欒會知縣

康熙五十九年庚子科

郝　炯河津人

樊嘉謨萬泉人
許端彥河津人
喬溥棠猗氏人
雍正元年癸卯　恩科
景儲元亞元
黃　鑑太谷教諭聞喜人
樊承露夏縣人
王振奎
雍正二年甲辰科
李鳳生聞喜人

李　樗詳人物

雍正四年丙午科

翟崇觀聞喜人　郭爲觀猗氏人

雍正七年己酉科

曹　章

乾隆元年丙辰　恩科

葛朝陽忻州學正

乾隆三年戊午科

朱　洽見進士

乾隆九年甲子科

宋　鑒見進士

乾隆十五年庚午科

李闇椮

乾隆十七年壬申　恩科

陳毓鸞猗氏籍

郭　璣臨晉籍見進士

乾隆十八年癸酉科

宋　鈖

乾隆二十一年丙子科

宋　鉌

朱士倫

乾隆二十五年庚辰科

薛文林

王宓見進士順天中式

乾隆二十七年壬午科

王宿善

解州全志卷之七 安邑縣運城

選舉下

貢生

明

周　英開封知事　　姚　珪主簿

楊　瑀衛經歷　　薛　昂大城知縣

吳　旅膚施知縣　　趙　璧單縣丞

鄧　本平凉通判　　宋　斆安化知縣

毛　勝大名經歷　　王　安南漳知縣

王　聰蘭縣知縣　　曹　光涇州知州詳人物

朱　恭羽林衛經歷　馬　淵鎮原主簿
孫　昱蒙陰縣丞　樊　章固安主簿
李　轍大城主簿　席　寧扶風教諭
秦　顯通判　周　玘東平州判
毛　衡隆慶吏目　喬　正樂陵主簿
胡　睿宜川知縣　賀　正魚台知縣
張　斆臨淄縣丞　張　宣兗州經歷
張　海崇明縣丞　張　禧隆德知縣
曲　璨臨洮訓導　韓　璲工部主事
任　淸　李　銳

齊銘　趙亨
郭珣吏目　賀禧
呂勝　李琰
孫霄南陽同知　李傑平山知縣
曲成　喬貴太僕寺主簿
宋璧主簿　孫源秀水縣丞
周盛　李昌通判
賀儒訓導　閻亨
吳大有　杜啓茌平知縣
宋萬令都司經歷　張璲訓導

康　鼎王府教授　　南　勳經歷

翟　定寧州訓導　　關　方

郭　瑞許州判　　韓　章知縣

喬　璠廣平檢校　　楊　福

宋　質德清縣丞　　曹　震會稽主簿

趙　琇　　李　福成縣知縣

張　福魚台主簿　　李　綱

弋　華王府紀善　　南　補宜興縣丞

張　誥行唐訓導　　趙　綸開平經歷

楊　壽訓導　　趙　綬

馬斐蘭州判詳人物　侯爵訓導

解紳永清訓導　張慶陳州判

劉憲八王府伴讀夏縣　王秀通判

馬程主簿　朱珝茌平縣丞

宋經原武縣丞　張護

曲辯膚施訓導　賀豸柘城訓導

楊和　賀龍束鹿訓導

李璠上林典署　惠錠引禮

楊澤　何鏜

王鵬　劉鎔

常佑主簿　孫鰲慈谿縣丞

弋崇訓導　姚金

李繼綱　崔鼐

曹希賢蒲城教諭　馬玠

王廷弼　王希謇磁州判

馬衍　曹司戎平凉通判

張鶴應天經歷　喬碧峰長安主簿

謝應徵撫寧知縣　吕訓鎮原知縣

喬蔓　張衍大名訓導

陳謀　陳舜道王府教授

李宗周　　楊遵道蓬萊縣丞

王幹鞏昌訓導　　孔繼道王府教授

張維新　　李德義蘭州訓導

靳愷蘭州訓導　　和鈴

馬懷邠州訓導　　喬琳安定訓導

喬九峰　　王汝垣王府教授

趙惟幾齊東訓導　　郭繼勲蒲城訓導

孔繼賢　　趙宏毅清水教諭

姚崇儒慶陽教授　　張惠甫鄆城知縣

張艮貴禮縣知縣　　王好賢青城教諭

李承聘華州訓導　周士儒壺關教諭
王　令莊浪訓導　廖紀鯤
馬　模王府教授　郭東田汜縣知縣
周士偉王府教授　喬溥恩嵐縣教諭詳人物
喬　桐河南教授　王用予華亭知縣
喬推恩文縣教諭　姚　璋王府教授
趙文光恩貢　王　民靜寧學正
喬維嶽晉府教授臨晉人　楊道南汧陽知縣
任紹祖　宋延齡祥符教諭
李時榮　張邦彥壺關教諭

劉克寬王府教授　謝　試儀封教諭
裴　貢贊皇訓導詳人物　劉繼統澤州訓導
薛　邵渾源學正　王省方盂縣訓導
喬如岡臨漳訓導　胡舜臣建昌教諭
扆　丹代州訓導　趙欽舜汝州訓導解州人
解世忠富平訓導　胡志學盧龍教諭
張九經任邱主簿　喬謙亨交城訓導
郭　櫝太原訓導　侯　旬文水訓導
張邦珍岢嵐訓導　孔　賢王府教授
李茂春無極知縣詳人物　王　敕衛輝訓導

王應運　　王　梓

李守廉靈寶訓導　　姚時敘典平知縣

張翀翠王府教授　　杜騰蛟代府教授

李呈秀襄垣教諭　　路尚賢臨縣教諭

南邦柱　　李承道

李汝玉廣昌教諭　　謝繩祖偏頭訓導

郭有容東平州同　　張克中

萬士英蘭州判　　蘇希洵杭州訓導

張文翰平定訓導　　樊國藎忻州訓導

楊舒聲深澤知縣詳人物　　柴希堯

李永芳　周學思延安教授詳人物

張雲翎大同教授　謝傳心石樓教諭

賈化醇蒲州人　宋醇儒

張斗南解州人　王經世

范宗文紫陽知縣　薛士吉

王畿甸廣昌教諭詳人物　張九皋

靳斗陽信教諭詳人物　王佐榆次訓導

馬之驥太谷訓導　石應元葉縣知縣

劉啟甲　楊懋烈

韓廷鉽　丁應觀甘泉知縣詳人物

翟夢標聞喜人　徐來庭平遥訓導

王國賢　介夢弼文登知縣解州人

甯獻誠任縣訓導　郝習孔

陰啟昌芮城人　邵三畏詳人物

張　通潞安教授　曹應聘副貢

丁應睹　楊時和詳人物

王家禧鳳翔推官　王　治泰安訓導詳人物

國朝

董　標拔貢寧州知州　董之治鳳陽通判

王延召平順教諭　劉衍民新興知縣

董　正恩貢　　王　晃汾州訓導詳人物

路應元潞安訓導詳人物　馬龍現拔貢交河知縣

韓家傑順治戊子副貢　任振鷺順治戊子副貢邠州知州閻喜人

崔　灼臨晉訓導　郭用賢太谷訓導詳人物

王永熙恩貢松江同知　周家正

楊　實恩貢敘州通判　楊宗華河曲訓導

王凝禧拔貢　李一沆汾西訓導

衛明祚　閻　恬

甯鼎臣岳陽訓導夏縣人　胡觀光

焦景度解州人　朱永康蒲州人見進士

楊天篤　裴　泰

郭文隆　姚淑虞徐溝訓導

郭用光廣昌教諭　張文耀蒲州人

馬孝錫　韓　正蒲州人

李肇瑞解州人　路振翼

張　瑞　景　謙拔貢藍田知縣

弋敦極拔貢內閣中書　路泰來大寧訓導

曲星灼河曲訓導　衞際可

王　昌訓導　韓　濟恩貢

閻　梅　譚際亨

張　弢　　周世澤
裴飭衮康熙丁卯副貢　王新輦
張金榜　　楊　溢
楊芳聲　　賈我待芮城人
吳道明　　南二謙拔貢詳人物
文射斗拔貢　馬祚錫黎城訓導
段見龍　　王旭美
王雍珍　　王餘佑詳人物
閻仰望　　劉毓燦
楊　墀　　楊昭祖

段　芾　　喬毓祥
甯龍光夏縣人　朱紱來夏縣人
張乃績拔貢　李騰輝
丁起光　景廷煒
丁廷梓河曲訓導　丁廷棫
馬之纁霍州訓導　郭　塏崞縣訓導
郭恢鞏　景文梗
謝楠齡詳人物　趙一弼恩貢
張篤行　荆之奇
李芳都　張飛翥

何元文　　謝一恂恩貢

萬家春　　丁七仁康熙甲午副貢

張銓康熙甲午副貢山陰教諭　　趙擢元

馬謙晉靈石訓導　　柴永英康熙庚子副貢

張奇　　王廣生介休訓導

周之冕　　路庸盂縣訓導

王繪　　張好善

喬彬恩貢稷山教諭　　梁國祺

康澐　　郭笠陽高訓導

李樓　　萬備進

謝宗積　周學書
丁衍齊拔貢　樊二盛拔貢
張存直兩淮鹽大使　劉修保靈石訓導
馬宿暉訓導　李薛
馬一鵬大同訓導　周世法拔貢
弋光域恩貢　王佐
曹大定　李閭梓
祁緩輝拔貢趙州判詳人物　呂五音山陰訓導
劉遂永和訓導　許敦敬
朱本乾隆庚午副貢　王埏太原訓導

孫天培恩貢　王以臨
王行恭恩貢　周家相
張棨　王甸
解維錦　景鉅
周鳳翔恩貢　張瑞

例仕

明

范良弼照磨　郭進祿通渭縣丞詳人物

胡承光光祿寺署正　張邦政署丞

張雲翮序班　張于命序班

張璠嘉定縣丞　張恭甫永城縣丞

張寬甫光祿監事　張信甫高淳縣丞

張敏甫嘉定吏目　張綱甫固原吏目詳人物

張栢光祿典簿　張恕石泉訓導

國朝

王汝霖福建巡道　李秉儉青州知府詳人物
康善述建寧同知　楊　蔚永州知府
張　弼淮徐道詳人物　張　𢴨赤城知縣詳人物
張鵬翥臨武知縣詳人物　王集雍芮城教諭
蔡伯謨汾西訓導　趙世琮徐溝教諭
路　式靈邱教諭　馬之繡河津教諭
張懷琦饒陽知縣　張懷瑾沁源教諭
景文植靈石教諭　弋　薰詹事府主簿
王學曾嵩嵐學正　張　侹廣靈訓導
王鼇方戸部司務詳人物　劉　瑜戸部郎中

張殿振戸部郎中夏縣人　張喆陳州知州

王曾淑建平知縣詳人物　張存恒淳化知縣詳人物

張存誠中書詳人物　劉士琨灤州知州詳人物

王袞明中書舍人　李秉恭寧鄉訓導詳人物

李閶權臺灣知縣詳人物　張殿掄內閣中書夏縣人

路于王五臺教諭　路赳長子教諭

路聲聞上思知州　劉燚墊江知縣

李大烈訓導　文光斗潞城訓導

李閶棱隨州知州　李延渭長治訓導

何鰲文水訓導　何篇熱河巡檢

劉肇銓戶部廣東司主事
郭　瑋廣東主簿
喬　峻浙江按察司經歷
南大亨縣丞
萬廣燕商邱知縣
劉永瀚縣丞
景時雍縣丞
王　圻州同
姚集麟州同
張凝祄縣丞
劉世梧州同
相　銓縣丞
劉海清州同
李遐齡州判
王心一州同
祁　煥州判
劉永泰州同
朱大器縣丞
李琮生州同詳人物
郭夢龍主事　旌表孝行

例貢

明

張允元　張憲甫

喬　崙　張仁甫

姚中立　張時中

國朝

王大治　郭用凝

劉愈洸　李煥文

王甲開　劉甡麟

李秉良　張締雍

李閶植　馬仁錫
馬之紋　翟育鎬聞喜人
董又舒　王汝梅
康如鏞　薛天寵臨晉人
馬之駟　張殿榆夏縣人
權日輝臨晉人　王閶珍
王模　楊蘭
路聖錫　解深
王庭　路于邁
張機　王谿

張玶　李會樅

路遵王　張京俊詳人物

馬之遴　蔡伯讚

張塏　張雋詳人物

王廣　路之倆

康載嵩　張思誠

馬永清　王康

郭四達　劉德峻

劉于發　康行倬

甯鐔聞喜人　楊朝相

高凌漢　劉　琳
甯　傑聞喜人　王　漪
康載岩　孟門翰
常　雋　李丕顯
喬時英　何元浩
劉德馥　王　度
楊　楠　陳奇生
石藏璞解州人　張其溶
王淑瑛　孫懷義
孫懷仁　李闓樞

李　提　　許文藻
尙　玫臨晉人　　張　煒
羅士謙　　李執敬
韓世恩臨晉人　　何　帶
曹　琮　　張爾潔
王名石　　張成章

武秩

明

嘉靖間

張希艮辛酉甲子二科武舉

萬歷間

蘇王圻戊辰進士山西指揮

王士弘壬辰進士大同參將

張維城壬午戊子甲午三科武舉

孫光祐戊子辛卯癸卯三科武舉

任大勳丙午解元

天啟間

李鼎新　武舉

何萬㦸　武舉

李元勲　武舉

崇正間

姚文冲　武舉

姚世勲　武舉

古定國　武舉

孫汝梅　武舉

張秉良　武舉

國朝

順治間

王開基安邑人甲午武舉福州所千總

萬象暐安邑人丁酉武舉

劉世徽安邑人庚子武舉辛丑進士山西守備

康熙間

丁輔王太平人癸卯武舉

李克勝夏縣人癸卯武舉京口守備

董　振曲沃人癸卯武舉

萬　璥安邑人丙午武舉庚戌進士滿家洞守備

李　境絳州人丙午武舉

關振世安邑人丙午武舉太原右衞千總

馬正乾夏縣人丙午武舉

劉炳彝絳州人丙午武舉

張𢇁錫安邑人丙午武舉

李盛檜安邑人丙午武舉

張英奇直隸人己酉武舉庚戌狀元高雷廉總兵

南大仁安邑人己酉武舉

李　彪絳州人己酉武舉

張凝禋萬泉人己酉武舉

張凝正安邑人己酉武舉

李惟章聞喜人己酉武舉

景熛安邑人己酉武舉

景旦安邑人己酉武舉

劉巺安邑人壬子武舉丙辰進士平陽守備

劉祺安邑人壬子武舉

董遐年安邑人壬子武舉

謝于宣安邑人壬子武舉

路聯漢安邑人壬子武舉

謝栢齡安邑人乙卯武舉

郭維基乙卯武舉

丁廷植安邑人乙卯武舉臺灣副將

周　鵜乙卯武舉

劉毓㙫戊午武舉

張　翼戊午武舉候補守備

張　紳臨晉人戊午武舉

景雲緩安邑人戊午武舉

文貫斗安邑人戊午武舉

李人瑞安邑人戊午武舉

秦飛熊夏縣人戊午武舉

王光斗辛酉武舉

馬　苓安邑人辛酉武舉辛未進士陝西都司

王登文安邑人甲子解元

張　炬夏縣人甲子武舉

任繩祖安邑人甲子武舉

南起鳳安邑人甲子武舉

景兆興安邑人甲子武舉

薛君翼丁卯武舉辛未進士平陽守備

閻以寧安邑人丁卯武舉

黃帝相安邑人丁卯武舉辛未進士陽方守備

段　聖庚午武舉

景　元安邑人庚午武舉

曹英正庚午武舉丙戌進士

郭宗儀丙子武舉

謝代積安邑人丙子武舉

李　琢安邑人己卯武舉

劉芳栻曲沃人壬午武舉

申　珪安邑人壬午武舉

南宫擢安邑人壬午武舉

張爾洽安邑人戊子武舉戊戌進士廬州守備

張爾湧安邑人辛卯武舉

張爾洵安邑人癸巳武舉

王廷彥安邑人丁酉武舉

雍正間

張世瑞夏縣人癸卯武舉

惠爾履安邑人癸卯武舉

張　湧安邑人癸卯武舉

惠振猷安邑人癸卯武舉

劉彥文安邑人甲辰武舉

喬三艮安邑人己酉武舉

乾隆闕

郭　坊　臨晉人己卯武舉

封廕

明

張　祐以孫芮贈太常卿

張　琦以子岫封都察院右副都御史

張　名以子璲封都督府經歷

馬　源以子璠封刑部主事

張　璡以子芮贈太常寺卿

謝　鋆以子誥贈户部主事

祁　顯以子鶴贈滑縣知縣

相　輔以子世芳贈刑部主事

張　訥以子良知封戶部員外郎

胡　珍以子志夔贈御史

張　轍以子集贈青州府推官

劉　栻以子得寬贈刑部員外郎

楊景山以曾孫一魁贈宮保尚書

楊　昭以孫一魁贈宮保尚書

楊　瑄以子一魁贈宮保尚書

王繼德以子宇封戶部主事

蘇　松以子養蒙贈鄖陽知府

丁良弼以子誠贈戶部主事

喬　演以子起鳳贈戶部主事
宋　遷以子洛贈徽州知州
解一元以子學禮封御史
劉　春以子崇文贈戶部主事
王好乾以子津封金縣知縣
張艮貴以子雲翺封吏部員外郎
劉　芳以曾孫敏寬贈宮保尚書
劉　澤以孫敏寬贈宮保尚書
劉邦治以子敏寬贈宮保尚書
王　澤以子國楨贈戶部員外郎

李汝蕙以子圭封正定同知

薛　鎣以子郭贈井陘縣知縣

楊士吉以子一桂封御史

曹司民以孫于汴贈都察院左都御史

曹希舜以子于汴贈都察院左都御史

王　敕以子廷俊累贈歸德府同知

喬可仰以子國棟贈羅山縣知縣

康　誥以子四海贈刑部員外郎

周學忠以子天印贈浙江左參政

任文爵以子正斗贈行人

裴　褒以子君賜贈戸科給事中

劉允寬以子席氏贈兵部主事

朱景昭以子恭贈羽林衞經歷

張　瓘以子鶴贈應天府經歷

石　岑以子應元贈葉縣知縣

國朝

馬之偉以子光啟贈戸部員外郎

王秉福以曾孫尹方贈光祿大夫閣學侍郎

王國楹以孫尹方贈光祿大夫閣學侍郎

王　斌以子尹方贈光祿大夫閣學侍郎

謝象暉以子檟齡贈雄縣知縣

喬衍祺以子宏德贈安東知縣

何宏猷以子遠贈獲嘉知縣

祁詳徵以子斌贈延慶知州

丁連芳軍以子廷楗封翰林院編修廷槙封明威將

郭宗汾以孫二成贈內邱知縣

郭　瑄以子二成贈內邱知縣

朱　曉以孫治贈震澤知縣

朱集錦以子治封震澤知縣

王以臨以子宓贈永寧知縣

張　譽以子鵬翥贈臨武縣知縣詳人物

郭纘汾以子墱封崞縣訓導

王　价以子汝霖贈福建延建邵道

劉世裕以嗣子士琨贈內江縣知縣

劉世楷以出繼子士琨贈內江縣知縣

何　帶以子鰲封文水縣訓導

祁　彬以子綬輝贈趙州判

李琮生以子秉儉贈青州知府

王甲開以子昝淑贈建平知縣

張　𪨊以子存恒贈洵陽知縣

張連德以子殿振封光祿大夫

郭衍慶以孫夢龍贈候選主事

郭如嵩以出繼子夢龍贈候選主事

劉思聰以孫肇銓贈戸部主事

劉　述以子肇銓封戸部主事

劉允寬以孫世嶽贈太河衛守備

劉有占以子世嶽贈太河衛守備

張　侹以子爾洽封武德將軍

以上封贈

明

張　昇右副都御史岬子

張沂甫太常寺卿崗子

楊時隆總督漕運戶部右侍郎一魁子

楊時振總督漕運戶部右侍郎一魁子歷任北京左府都事

楊鼎初工部尚書一魁孫

劉懋勛兵部左侍郎敏寬子廕世襲錦衣衛正千戶

劉永灝兵部尚書敏寬孫廕錦衣衛世襲指揮歷官鑾儀衛使都督同知

劉常洪兵部尚書敏寬孫廕錦衣衛世襲指揮僉事

劉　桓兵部尚書敏寬曾孫歷官湖廣糧儲道左參政

劉　檏兵部尚書敏寬曾孫廕錦衣衛僉事

曹曰良都察院左都御史于汴子任工部員外

以上恩廕

解州全志卷之八安邑縣運城

人物

明

張璡祐之子斌之孫斌在永樂間代兄北征窮絕塞而還諭扈駕功授錦衣衛千戸辭歸養親事詳邑志祐性至孝嘗數千里負繼母骨合葬璡登天順八年進士官御史按蜀及北畿風釆凛然將抵家望里門而步後以忤權貴出守大名調黎平守

張岫琦之子琦令高陵專以孝弟敎人天性剛直面貌蒼古將卒囊無羡貲丞欲啟存庫耗金以贈琦曰吾

有數子耕者力田讀者力書安用此爲力却之事詳邑志岫爲孝廉時隨父高陵有僉事欲辱其父岫被牟裘直入抗辨不屈後累官都憲嫉邪好善一介不取撫遼時遼有御史將欲主文山西入謁岫談及其子弁欲爲之地岫遂戒其子不就試其清節如此卒之日諭祭葬祀鄉賢配名賢祠

張璲璡弟生有奇質讀書過目不忘師友器重之成化乙酉領鄉薦己丑成進士選庶常轉監察御史按陝西汙吏望風解印綬去自是屢遭譴謫晉太僕寺卿事關馬政者尤多建白復以事被誣謫知廣東化州

抵任四月卒子棻夔同登宏治壬子賢書棻官陝西
按察司僉事有介行夔官辰州知府累請休致足不
入公門祀名宦
曹光由明經尹華陰有善政陞涇州知州修築城池禦
虜保民涇人德之
張芮沉重有氣節由庶吉士五遷至掌院學士值閹瑾
用事公卿望風屈膝芮獨長揖不拜瑾啣之誣以他
事謫鎮江府同知復以史事謫兩浙運副量移處州
府同知遷南京尚寶寺卿晉南京太常寺卿請致仕
許乘傳歸至臨清卒上遣官諭祭命有司治葬事後

祀鄉賢名宦裔孫正元布衣學道鄉人重其品
郭崧成化十三年舉人令韓城陜西通志云政治明決
吏不能欺陞同知
謝譽宏治戊午舉人爲樂昌令政績懋著値流寇張與
寇城譽泣諭死守城得全以軍功陞泰安知州不阿
當道拂衣去訓弟諧成進士譽祀名宦
相世芳忠義性成正德庚午舉人甲戌進士官刑部郎
中嘉靖初議大禮列名疏首叩閽直諫忤旨廷杖幾
斃謫戍延安凡十三年放還鄉里隆慶時贈太常少
卿

謝誥正德丁丑進士性狷介絶俗爲孝廉時齊彥名謀寇運城誥慷慨建議與御史胡振增築城垣運民至今賴之通籍後令贛榆值武宗南狩節省供帳費民不爲厲累官戸部員外比歸田杜門謝客蕭然如韋布祀鄉賢配名賢祠

祁鶴正德甲戌進士歷官清慎不阿權貴嘉靖間河南青羊山盜起廷議擢爲副使討平之終山東副使

王命嘉靖壬午舉人清貧嗜學耄而不倦爲鄖令請蠲繁役賑救凶荒期於必濟全活甚衆曾題詩公署云採盡溪頭苜蓿芽沿村何有幾人家東風不解艱辛

意吹散碧桃千樹花當道見之無不嗟賞又以淠陽
水患多方捍築淠民繪像祀之祀鄉賢配名賢祠
胡志夔嘉靖甲辰進士幼穎異讀書過目成誦宰富平
課最徵入臺按閩時有挾勢囑鄉薦者堅執不從爲
河南憲副時存庫餘金鉅萬當事欲自潤公持不可
得充賑荒之用一歲三擢歷官僉憲撫延綏時河套
牧馬南窺與大將趙岢協防無警又引榆溪水入塞
灌田城保寧寧塞二堡遏其要害邊境以寧祀鄉賢
子承光光祿署丞輸粟賑饑承裕以舉人令滎陽仁
慈清正寇過不掠其境孫舜封解元令上蔡有文名

劉得寬性豪爽嘉靖癸丑進士歷官河南巡道初筮仕
時焚香告天矢不苟取宦成而歸囊無餘貲
劉弼寬嘉靖壬子舉人性嗜學多所獨得每茂對景物
則曰此道惜無能叩者禔躬以敬過閭巷總角子亦
必致恭仕至臨洮司馬所至民懷其德祀鄉賢配名
賢祠
馬紹英嘉靖乙卯舉人官戶部榷關揚州減稅惠商一
塵不染卒於任至不能辦後事揚州守徐尙列狀助
賻乃得歸里
王士字嘉靖壬戌進士累官陝西憲副明察平恕克凛四

知壽九十乃終祀鄉賢

楊一魁嘉靖乙丑進士以冬官督理河道黃淮泛溢漸
近陵寢魁謂黃强由於淮弱黃不分則淮不出請開
武墩黃壩新河使安瀾入海功成回京值鄭貴妃方
寵幸請於乾淸宮側建耳殿爲奉御所神宗許之魁
不奉詔其强鯁如此歸田後門庭簡寂無烜赫狀僖
宗卽位諭祭葬如禮

喬起鳳嘉靖甲子舉人累官太僕寺卿兢兢自牧一語
不敢先人性廉潔不苟取祀鄉賢配名賢祠

解學禮隆慶戊辰進士歷官陝西督儲河西叅政才識

卓越著治績見秦省通志
馬邦珍隆慶庚午舉人官鞏昌司馬政尙簡靜絕苞苴
清軍餉平番亂以忤當道掛冠去
張雲翔萬歷甲戌進士以治行高等歷官考功司郎中
劉敏寬萬歷丁丑進士歷官兵部尙書總督三邊加太
子太保揚威閫外屢奏膚功廕子錦衣指揮歿之日
進階少保賜祭葬祀鄉賢配名賢祠
李圭萬歷己卯舉人好古誼不規橅世態令華亭政簡
民安祀鄉賢配名賢祠
王國楨嚴毅有風節與人交面折無隱登進士居官勤

敏初令壽光瀕海多葦租盡捐以充賦之半補鉅鹿

救荒全活甚衆晉冬曹出守上谷廉明冠畿輔備兵

濟上督修河道不爲民擾以直迕時後叅秦藩介節

益著居鄉時猾吏持金求爲關說怒叱之終身無敢

干以私祀鄉賢

楊學詩壬午舉人官至保定府通判素稱篤實君子爲

縣令歷有惠政年高德卲壽九十餘歲

宋時際萬歷乙酉舉人任咸陽令忤稅監梁永被誣解

任後擢刑部郎中以表其直

馬棐明經爲蘭州判官因修公署掘得古銅錢數萬報

上貯庫一無所私
曹于汴幼讀書見薛文清王文成語錄銳然以聖賢爲
必可至刻謹言慎行牌懸之腕間因究天人性命之
奥旁通經世之學領鄉薦司鹺魄超掣鹽十車卻之
登萬歷壬辰進士初仕淮安司理執法明刑入諫垣
直聲大著退而講學於鄉鄉人化之召還後典試江
右稱得人既長吏垣庚戌辛亥兩大計澄汰虛平中
外悅服建議剴切多見施行晉太常少卿予告四方
學者日益衆泰昌天啓再召未行聞廣寧失守刻日
就道或問此行若授遼鉞何如曰濟則爲韓范不濟

則爲張許歷棘寺憲臺特簡少宰陳乞歸時熖熖方
熾坐東林黨削籍崇正間再起掌憲所建白皆宗社
安危大計因警鞠躬盡瘁防守無虞請告歸設敎宏
運書院講學明道至死不輟學者稱眞予先生所著
共發編仰節堂集行世祀鄉賢
王廷俊萬歷辛卯舉人有品行以孝聞任新蔡令救荒
甚力擢歸德同知上臺交章論薦致仕歸
楊一桂萬歷乙未進士爲唐縣令竭力救荒開渠灌田
礦閹虐民挺身抗救由民部改御史後遼難發不以
非㝑爲解毅然往任事及歸淸操益厲

裴裒貢生司訓贊皇克盡師道子君賜進士官給諫巡
視十庫克釐夙弊
康四海初以進士觀政處己不欺與物無競當國者見
之曰君子也即語銓曹授爲其邑令内擢刑部曹典
試四川所得多名士出守懷慶擢重慶兵備時流寇
蝟集公竭力守禦賊斂鋒過官至江西臬司
喬士鶚萬歷戊子舉人宰鉛山寇至戎服登陴竭力守
禦得無恙卒於官祀名宦
劉崇文萬歷戊戌進士授戸部主事監稅江西盡革陋
規至一硯不苟用以清望調銓部布衣蔬食終始不

渝辭官歸里與弟同爨半錢寸帛必共之宦囊如洗

歿無以殮編葦爲屏以坐弔客晉撫吳仁度疏請定

謚疏載舊志祀鄉賢配名賢祠

喬國楨萬歷丙午舉人宰六合著廉潔名有盜扳良善

力爲昭雪時稱神君祀鄉賢

李日儼萬歷壬子舉人天啟壬戌進士歷官給事中典

試雲南所得盡眞才任河南知府時有清節

賀道昶戊午舉人陝西神木道按察司僉事遭闖賊之

變被拷不屈而死

李貞佐字無欲天啟丁卯舉人崇正庚辰授郏令值闖

寇亂招集流亡繕修雉堞民藉以安辛巳迎母喬氏
於官舍色養備至壬午闖賊圍襄城襄與郟稱唇齒
公矯詔發倉廩轉運不絶賊啣之癸未復圍郟公率
衆堅守賊百道環攻縱兵大殺公大聲叱賊曰驅百
姓死守者知縣耳妄殺何爲賊怒褫其衣倒懸於樹
公罵不絶口賊斷其舌剮之並及公母暨妻俱死賊
平郟人槀葬於城南門外事聞追贈僉事謚忠愍立
祠建碑歲時奠泣祀鄉賢邑人吴凌遠爲之傳
景永祚天啓甲子舉人以德行著闖逆之變逼以僞職
誓死不受

景星字依庚崇正丙子舉人事繼母以孝聞明末闖逆授以僞職使僞令祁星瑞敦促公大罵絕食七日而死御史杜篤祜爲之傳

靳斗貢生任陽信教諭闖逆之亂城陷仗義不屈偕妾罵賊而死孫麟衍麟振赴井死僕薛國典張引自刎死一門忠烈祀鄉賢

解州全志卷之九 安邑縣運城

人物

國朝

王晃歲貢汾州訓導己丑姜逆之變殉難於官運判孫旌其門曰先德永著

張譽庠生家計窘廹諷誦不輟姜逆之變兄鐃舒俱亡於難覔屍歸窆譽父年老悼傷二子譽朝夕侍奉力爲勸解又念諸姪未出於難不避艱險贖歸

丁期昌前明崇正癸未進士國初揚州府推官調黃州精律例多所平反舉廉官第一尋以忤直指罷歸閉

門不出布衣蔬食周貧乏無德色

張鵬翥貢生由教諭陞湖廣新化知縣歷任郃陽臨武操守廉潔所至有聲攝衡州府篆值大兵靖苗逆辦理軍餉晝夜勤勞歿於軍營

馬廸吉夏縣人寄籍運城前明崇正壬午舉人任鄧州牧有惠政時劉二虎圍州城吉率兵巡守七十餘日城中人殺牛畜爲食撤屋爲薪諭以大義人皆感泣無異志以功陞順天府治中尋卒入鄧州名宦

馬光啟順治壬辰進士性敦厚攻苦力學教授上黨累擢戶部員外郎歷有政聲

謝象申順治戊子舉人臨縣教諭課士有方文風大振
陞廣東潮陽縣知縣海寇圍城率兵捍禦督衆疾追
自是不敢爲潮邑害邑人爲之立碑
謝象超與象申同榜舉人陝西清澗縣知縣丁母憂歸
服闋補福建沙縣知縣政聲茂著手授士子訓蒙穀
要時稱循吏入福建通志祀名宦
謝櫃齡順治辛丑進士雄縣知縣剔除官價陋規勤課
諸生親履隴畝問民疾苦行取補内閣中書丁外艱
歸服闋補廣西思明府同知以苗民雜處扶弱鋤强
委驗交趾貢物歿於王事得馳驛歸喪

祁斌康熙癸卯舉人四川新都縣知縣時兵燹之餘民戸凋殘斌課農桑興學校八年政成陞延慶知州境接邊陲俗强悍三面環山築墩臺謹烽火祈降甘霖蝗督自斃里民立碑誌感

丁廷樋康熙癸丑進士選庶吉士遷編修歷任鳳陽徽州二府知府賦性孝友居官清白著有紀遊草

張弼劍貢歷官兵部員外郎擢江南淮徐道管河庫餽才能治河有功

王尹方康熙壬子癸丑聯捷入翰林歷遷閣學人品學問推重一時海內有四君子之稱庚午典江南試悉

心校閲所得皆知名士後大魁天下者數人壽告終
養歸卒於家
康行僩字鍔霜聰慧絶人十齡工詩文見賞於太史王
敷五先生甲戌成進士制藝膾炙人口初仕韓城後
擢工部主事子告歸以詩酒自娛所著有韓城縣志
運司鹽政便覽雲齋清籟
何遠康熙戊辰進士爲獲嘉令擢禮部主政陞祠祭司
員外郎典試福建稱得人
謝檜齡康熙戊午舉人授内閣中書改内邱縣知縣時
内邑旱蝗人民逃散倉庫空虛下車卽招集流亡捕

蝗蝻設法賑濟詳請緩徵攝唐山縣事詞訟稱平行
取主事告歸與二三老友詩酒談心不言官政
喬宏德康熙壬戌進士令安東潔己愛民撫字有方
劉士琨貢生初任寧鄉訓導擢四川內江縣知縣有遊
棍羅之鎮者倚勢爲民害霸占田畝侵入塋兆痛懲
之押歸原籍陞直隸灤州知州以疾致仕
景四維康熙乙未進士初任新喻縣知縣縣稱疲敝積
逋民不能輸捐貲代償會水災購穀平糶邑有碑攺
涇縣倡修琴溪石梁商民德之

人物

明

曲瓛正統辛酉舉人時運庠初設瓛首登賢書官鎮江

同知廉幹有爲

張苣璉子宏治乙卯解元署涿州學正甲子主陜西鄉

試陞福建建寧府同知性仁厚以詩文名

王一中正德癸酉舉人事親孝康對山嘗贈以詩任交

河尹卒祀鄉賢子士宏以武榜任叅戎士毅以鄉舉

宰德陽孫嘉績爲隴西令重孫天倪爲松陽令登賢

書者先後不絶

李茂春選貢官無極令親殁廬墓

張淳甫正德癸酉舉人甲戌進士戸部福建司主事博

覽羣書力追古作所著有滄泉集

張叧知舉人漢中同知修山河堰大著勤劬漢民德之

張集嘉靖壬子舉人官至福建道監察御史博學强記

工詩文善書醫藥音律悉臻妙境

竇師偁萬歷戊子舉人郿縣知縣行誼克端任保定通

判乞休歸里

任正斗萬歷癸卯進士讀書操行俱有獨見官行人司

行人惜未永年

宋登雲庠生事母孝母八旬失明日夜號泣得名醫療之明如舊壽至百歲
楊舒聲貢生初任安慶王府教授陞深澤縣知縣曹都憲裴給諫俱出其門院司屢加優獎
郭進祿以廩生例授陝西通渭縣丞有惠政
張綱甫陝西固原吏目嘉靖丙辰歲荒輸粟八百石賑濟飢民鹽臺匾其門
喬溥恩歲貢嵐縣教諭賦性樸誠自甘淡泊
周學恩歲貢孝友睦婣兩任南和延安教職並著邑篆廉潔不苟

邵三畏歲貢有文行多義舉嘗散粟救貧建涑水橋以
濟行旅

張啟豪庠生事母至孝母壽九十七歲殁未逾月以哀
毀卒

丁應觀歲貢甘泉知縣陝西通志云修持粹白理學精
研著有學易堂集行世

劉席民萬歷壬子舉人天啟壬戌進士官主事孝親仁
民鄉里推重

王畿甸歲貢廣昌教諭親殁廬墓三年不仕闖逆

楊聍和貢生博學賚志死闖逆之難

王治貢生泰安州訓導鄉人推爲寬厚長者

國朝

萬敷典秉性廉介弱冠登賢書築室西郊閉戸著書終

身不入城市

康宏業四海子苦心績學才高未售生七子皆蜚聲庠

序間三子如璉庚戌進士四子如琰壬子經元孫行

倜甲戌進士

康宏猷甲午解元沉酣六籍時藝詩古文詞皆有法度

郭用光廣昌敎諭性方嚴不妄交博覽羣書晚年尤嗜

易所著有八卦圖說玩易釋義子于疆戊午經元孫

賜珏乙酉經元
郭用賢貢生潛心理學任太谷訓導以講學爲事有奏
女樂於明倫堂者用賢大詫止之其端毅如此
李琮生字彛山其先同州人宦解州遂家運城世理鹽
筴抗言鹽政多所建白有謀割地梗鹽法者琮生赴
闕上書竟直其事平陽府志稱其居喪盡孝郭子疆
爲之立傳
張弼屯留縣教諭陞赤城知縣淸廉愛民卒於官有碑
紀績
南二謙拔貢博學能文兼工詩賦康熙丙午秋闈已中

式矣壽以微疵被斥時論惜之

路應元貢生潞安訓導事繼母如所生孝廉張鍰廩生

張奎並以孝事繼母聞

李秉儉廩貢居家孝弟喜施予自題其座所曰戒欺處

題其官署曰檢點身心初任成均轉部郎監賑直隸

陝西及查賑豫省立科條絕弊端知青州府立社倉

建義學修海塘事詳青州府志

王鳌方性穎悟讀書過目不忘足跡幾遍天下所至題

咏才思亢傲不羈太史趙秋谷許爲晚唐妙手坎坷

不第由貢生官戶部司務

王餘佑歲貢博洽羣書工詩尤精行草同修運司誌又
著四書纂要素齊詩稿
張存恒貢生知陝西洵陽縣縣樸陋人不知書恒至設
義學延師督課期年而應試者遂至數十人文風漸
有可觀
張存誠廩貢父紹康熙丁巳河南中式舉人以孝友稱
事詳安邑誌中誠幼而穎悟喜讀書嗜松雪筆法得
其神似父官京師嘗作思親詩十首寄燕邸人多傳
誦父歿歸櫬撫棺一慟遂不起
王曾淑貢生性至孝知建平縣立郎川書院興利除弊

民建生祠以誌德次補直隸望都縣捐貲八百金濬
護城河民利之
楊林峰舉人性篤孝待諸弟教養備至誨人以誠殁後
門人建追慕碑
郭邵康熙甲午舉人甘貧力學雅工制藝名噪文壇矜
式後進
張寯俶貢年十五代父赴京扶祖櫬歸里弱冠肩家政
惟恐失墜孝事孀母爲弱弟延師課讀成名
李闇權貢生初任南溪捐修水旱塘房二十九處又設
救生船隻民利賴之爲立碑艱起補臺灣詰刁徒責

蠹役嚴保甲禁賭博民風丕變
李楞舉人喜讀書善屬文風骨直規隆萬主皐比五十
餘年運安登科第者多出其門
張京俊例貢性嗜古博覽羣書善考證筆力高雅著舜
陵辨
李秉恭耽經史訓導寧邑捐俸爲諸生膏火贖回王錢
二姓鬻女教諸子宦達者數人
祁綬輝拔貢直隸趙州州判服官清謹人民被惠
李地渥廩生早孤家道中落事孀母以孝聞教育諸弟
皆其舌耕所給苦心績學屢薦不售著調音對典行

世

李延淪庠生佐叔宰臺灣叔歿獨居海外年餘經理叔喪積勞成疾

解州全志卷之十　安邑縣運城

列女

明

叅政王國正妻宋氏助夫佐讀履雪忘寒後訓子凝祚亦成進士無奢靡習親操作執炊竈下鄰婦見之每訝曰安有翟冠煌煌如斯者其習勤如此

運司吏衛養民妻高氏養民家頗饒病故有張姓者利其貲賂媒逼娶高卽閉門自縊死

生員劉寓仁妻謝氏年三十夫故矢死靡他家貧無倚既而生遺腹子允寛氏茹荼撫孤紡績供讀守節四

十餘年閭內肅清允寬事母至孝別有傳孫席氏成
進士疏聞旌表
訓導裴裒妻周氏裒以孝友著及卒周痛泣絶食以姑
老子幼勉稱未亡入竭力事姑義方訓子子君賜成
進士建坊旌表
運司吏馬國艮妻呂氏年十九夫死無子父母翁姑勸
令改醮氏剪髮斷指誓死不從奉二親撫二女備極
艱辛事聞旌表
郎中劉崇文繼妻孫氏年十五而嫁十九而寡崇文居
官清介殯殮無資遺孤僅三齡病廢幾難存立氏守

節撫孤饑寒自忍耕收樵採無不備嘗
訓導王治妻李氏夫亡年二十五歲守節四十餘年子
御史國楠具疏陳情建坊旌節
舉人喬士鶚妻張氏夫宰鉛山歿於官氏年二十九扶
櫬還鄉孀居五十五年五子六孫皆有聲黌序
貢生楊時和妻劉氏闖逆陷城抗節不屈罵賊被害
國朝
歲貢劉愈洸妻路氏順治六年兵燹投井死節
庠生王賜瑛妻郭氏年十四于歸姑孀居嚴厲氏事之
三十年姑轉慈愛夫遺副室子方二歲氏撫育成立

娶媳南氏子弱冠早天撫姪孫爲嗣與寡媳南氏共甘苦爲孫娶妻丁氏未幾孫又天丁氏亦矢守三世伶仃一門淸節曾孫宿善壬午登賢書人以爲節孝之報

中書張存誠妻郭氏賦性端嚴居心仁厚事舅姑孝謹裁決內外事條理井然壽七十一歲卒

歲貢生劉德峻妻王氏幼嫺女訓沉靜寡言于歸後克全婦道學憲黃旌曰順婦延齡

庠生張譽妻周氏孝事翁姑敬事夫子夫亡氏正盛年荼苦持家義方教子後其子鵬翥歷官新化令膺封

壽八十四歲院司贈匾曰冬岫女正凌寒松栢

生員王大治妻謝氏年三十孀居撫育三子咸列庠序

年逾八旬卒

貢生馬之駟妻李氏年十九夫亡遺子樸方三歲甘貧

食苦孝事繼姑教子若孫俱仕至州牧

同知謝櫃齡妻景氏于歸三日夫即赴任氏以路遠未

隨夫歿於官時氏年二十八歲家無擔石矢志靡他

苦節五十八年卒

貢生王康妾趙氏年十八寡撫嫡室喬氏遺孤後遺孤

並媳俱歿復撫孤孫成名苦節三十餘年

庠生衞四張妻萬氏夫亡於外聞訃號哭不絕三日水
漿不入口投井死蒲州守劉登庸爲立傳
李其碩妻馬氏夫亡家窘孤苦無依守節三十五年卒
敎三子希純希紳希綸成名當道給匾玉雪爲淸
歲貢張殿掄妻董氏夫亡守節遺腹子璣妻王氏年二
十亦寡撫姪惟濂爲子兩世孤孀淸操共勵

解州全志卷之十一　安邑縣運城

古蹟

蚩尤城

軒轅氏誅蚩尤於涿鹿之野血入地化鹵即解州

鹽澤也今池南有蚩城相傳是其葬處

彈琴臺

在今海光樓南

海光樓

在池神廟南地勢高爽架搆凌雲面條峰而俯鹺

海憑欄四望誠天下之大觀也

歌薰樓

在鹽池上俯眺池中千畦萬塍櫛比鱗集銀海玉盆允稱絶搆

鹽風亭

在鹽池北岸峨嵋坡上

淡泉亭

在鹽池北岸

王右軍碑

在運城察院西刻於宋天聖十年壬申十月癸卯世代遐邈破碎剝蝕明萬歷間王公重豎斷碑殘

書爲世所寶

坊表附

瑞池坊

在運城鐘樓南

孤忠浩渺坊

在表忠祠内御史楊繼武書

冀方賓貢坊

在中禁門外

地寶天成坊

在海光樓下運使張鵬翮建

寺觀附

興寶寺

在聖惠鎮元初燒初名彌陀院洪武間併龍泉崇

福妙覺寺及三觀音寺入焉

古北寺

在北街城隍廟西

古南寺

在西門外王大村

宏化寺

在南門外元朝建

元母廟

在城内南街

藥王廟

在西門外嘉靖四十二年建

三官廟

在東門外明洪武中邑人王鐸建嘉靖間修萬歷

間再修

白衣菴

在西門外

準提菴

在城内東街

崔府君廟

在西門内

漏澤園附

四門外各一崇正間御史姜思睿捐置有石表界

祥異

漢永初六年河東池水變色赤如血

唐大歷十二年度支使韓滉奏解池秋霖不害且有瑞

鹽賜名寶應靈慶池

宋大中祥符三年八月解州池鹽不種自生以瑞聞七

年池水漸涸鹽花不生俗傳關聖戰滅蚩尤池水如

故

崇寧元年遣內侍修解池凡開二千四百餘畦得鹽

一百七十八萬餘觔百官皆賀

政和六年兩池漫生鹽募人倍力採取繼生紅鹽百

官皆賀制置解鹽使李百祿等第賞有差

元延祐四年解池霖潦損壞堤堰鹽花不生頒降御香

祈禱　五年鹽花復生　六年解池瑞鹽結秀運司

納表稱賀

至順四年解池預期呈秀有勅賜御香瑞鹽碑誌勒

石於廟

明宏治十年鹽盛生積如山阜

正德六年監察御史因池鹽盛生疏請春秋二祭御

製祭文鐫石於廟

嘉靖十一年十一月虎入禁垣踞池神廟内十二年

五月大雷電有龍起鹽池中　三十一年鹽花盛生
三十二年地大震東禁垣傾圮
隆慶四年五月大水衝決入鹽池
萬歷二十五年池水如鼎沸
崇正五年大雨三旬水決鹽池
國朝順治五年大雨堤堰衝決鹽池被患　六年大風
拔木運城崩數十丈
康熙元年八月大雨連旬鹽池被害　十八年西水
入鹽池鹽不生　五十六年夏鹽花盛生
雍正五年冬十月池鹽不種自生得七百萬觔有奇

乾隆十八年二十年二十二年姚暹渠決客水入池

畦鹽不生二十五年水退鹽生如舊

解州全志卷之十二安邑縣運城

藝文

寶應靈慶池神廟記

唐　張　濯

天有五星辰居其一地有五材水爲之首既作鹹以正味亦凝質而成鹽則橫目之人生齒之歲罔不資焉而後食矣鹽之爲用大矣哉寶應靈慶池者山海經所謂鹽販之澤也俗稱官號皆曰鹽池供華夏二十餘州宅黄河千里之曲北抱原勢南負山陰涵濡泓澄浸漬瀉鹵外無寸草內絶纖鱗水或紫赤鹽皆潔白有自來矣頃大歷丁巳秋雨成災凡厥井疆漫爲塗潦今京東和

糴使兼知河東租庸鹽鐵侍御史清河崔公涯時以監
察權領是邦憂國恤人顧天有禱乃徵畚鍤集役徒修
陂防導溪澗積溜鴻溶白波如山西迤北滙散於沒女
監斯池町畦不沒廬室獲全緊公是頼矣粤翌日亦既
開霽紅鹽自生盈掬傾筐或顆或粟形攢伏虎色澈丹
砂靈貺休徵古未之有公乃獻狀於户部侍郎韓公滉
韓公伏奏於代宗代宗俾諫議大夫蔣鎮覆之則編於
史册薦於郊廟矣輿夫白麟赤鴈之應野蠶穭穀之祥
何以異乎冬十月詔錫池名曰寶應靈慶兼置祠焉蓋
國家祈豐財旌瑞貺也其明年因巘農隙創兹神寢卜

潛距六十里之半當安解二大邑之間堆陝陝掾橐橐
工惟力競役若子來俄結搆以時起儼塗塈而斯翬然
後審像設煥丹青睟容穆如甲士嚴翼則聰明正直之
有憑也夫其洞戶南谿滄波淼然樹以修槐羅以香草
則風凉會舞之有所也又來歲己未夏五月九日天子
降中貴人以牲牢祀之制祀光臨衮冕列位秩齊四瀆
禮視三公亦爲盛矣其後西自關輔東踰崤澠南馳陝
服北走絳臺馬屯雲車流水乞靈報德可勝紀乎易曰
聖人以神道設教而天下服此之謂也遂遷公殿中侍
御史京東和糴使逮於斯任豈惟執憲備頒鹽政必將

秉造化應鼎之和羹人皆望焉神所勞矣濯客自東鄙觀藝而來美精誠之動天多築護之盡力輒採聞見題於樂石庶丕績不朽與池始終時建中二年秋八月記

河東鹽池神祠頌　崔　敖

地絡之紀莫宗於河陰潛之功光啟於滙既略太華浸淫中條嶽瀆宣精融爲巨浸肇有元命元圭告成惟其潤下乃生瀉鹵皇穹陰騭兆人眷佑中土因飲食以致其味節和齊以調其心溟溟天池實曰鹽澤幅員百里澄澈萬頃元極積數大鹹爲鹺其墟實沈其宿畢昴其潸砥柱其關嶺岭后祇實之設以重險謙順成甚澗溪

攸鍾涵風蓄雷終古不息漫若山外連爲海門所以帝
乙建社王豹遷都執其重輕以曬富有在昔山澤委於
虞衡周制無征漢方盡斡務其犇穡蓋用抑商少府所
尸均其權重郡族自占築盧環之業傳祖考田有上下
旱理其坤水嘗其高五幅爲塍塍有渠十井爲溝溝有
路梟之爲畦釃之爲門漬以渾流灌以殊源陰陽相蒸
清濁相孕動物潛象蠢爲陶工滑乎而凝莫見其朕雪
野霜地積如連山羡漫區域歸於塗潦泉貨之廣沒於
齊人皇家不賦百三十載元宗御國五十年姦產薊邱
爟火通鎬嗣聖受命以兵靜之擊鼓崤洛封豕燕趙亶

其扆威風動八極調發之費仰於有司雖田征益加而
軍實不足遂收鹽鐵之算置榷酤之官以權合經以貨
聚衆盡野標禁塹川爲壕西籠解梁左繚安邑乃滌塲
圃乃完府倉畢其塲功以謹秋備度土定食止於中州
濟於横汾爰距隴阪東下京鄭而抵於宛艘連其檣輦
擊其轂終歲所入二百千萬供塞垣盡敵之賞減天下
大半之租然後傳於旬人納於鹽人有形有散以宴以
祀每仲夏初吉爲壇而享之懿夫明徵厥有前誌中宗
反政崇朝而復鹹大歷窮霖巨漲而不淡誠宜命秩祀
彼封君先皇帝薦靈慶以號神索氤氲而建廟施諸侯

之法凡鏑牟縣之淸樂穌二郡之版六百隸於司池故得浮榮光結顥氣沖其德正其味粒重英以表稔花四出而呈瑞陳陳相因非秭載所能計矣正元九年冬戶部尙書裴公延齡奠三壤之差均九州之賦鐵鼓之貢林鹽之饒凡晉人是輸以河中爲命府遂表職方郞中兼侍御史馮公典委以大計詔曰可乃駐居蒲城以馭羣吏分命前永樂縣丞張巨源前鄭縣丞蕭曾率屬而臨之洎十一年秋九月裴公薨今戶部侍郞蘇公弁繼之以馮公成績有聞禮任如舊度支又以前詹事府司直陸位知解縣池前大理評事韋縱知安邑池惟職方

領池官之外權惟評直守制使之成算姦氣不作阜財
有經十三年四月兩池官吏及畦戶等請勒豐碑揚玆
利澤感和羮之訓心遊傅氏之嚴稽近鹽之詞氣對郇
瑕之邑微臣作頌式贊新宮頌曰浩浩靈池冠于水行
蒼茫大陰滲漉純精惟澤在晉與時爲程禍貪而竭福
儉而盈巨唐君臨坤順乾正寘勤其官坎德效靈游眼
通波河源伏脉千里一氣瀦爲鹵斥雲漢照臨玉繩下
直曰雨曰風以凝以積自我天產惟其口食斯皇元后
乃聖乃神既潔浮沉亦循明禋大禮畢泉大樂畢陳馮
公揭來克請神人登牲廟墻瘞幣池瀕既醉既飽馮公

則允蕭張行優陸韋德鄰有署有屬伊馮之賓仰彼元造垂於無垠皇運天長頌聲日新

重修鹽池廟記

元　王　緯

延祐改元春三月中書省臣言陝西都轉運鹽使司重修鹽池神廟成當書其事於石制曰可以命翰林臣緯恭承明詔竊惟鹽在五行爲水水曰潤下潤下作鹹所以供祭祀備膳羞資生民之用不可一日闕也前代解鹽墾畦沃水種之今則不煩人力而自成非有牢盆煎煮之勞及蜀井穿鑿之艱也蓋得天地之精英河山之靈秀豬而爲池廣袤百里停滀滲漉凝爲大鹺皚皚浸

浸浩無津涯璀琢晶明莫可名狀役夫萬餘畚鍤雲集
曾不踰旬裒如山積舟車之運數千里皆食其利會其
歲之入以緡計者二千萬皇慶二年前都轉運使阿失
鐵木兒乃相故廟西壖卜地爽塏中締正殿周阿重簷
翼東西廡前敞其閎後營寢室階戺峻整宏邃靖深冠
大門爲樓扁曰寶慶下瞰鹵澤面對中條東綠太行西
峙雷首陰霽朝暮翕忽變化信一方之奇觀落成之日
遷二王於新廟葺舊廟以祀成寶公率僚屬士庶商賈
咸會祠下鼓舞懌悅神人大洽以廟碑請於朝故有是
命洪惟聖朝富有天下休養生息租賦而外惟以鹽課

佐經費然欲不及民而民自足天下之民安其俗樂其
業其視齊管子正鹽筴以與晨渠之利漢東郭咸陽孔
僅斡鹽鐵以歸大農唐宰相領鹽鐵以判度支萬不侔
矣臣緯拜手稽首而系之詩曰乾坤亭毒孰爲綱維萬
物並育孰窺端倪五行爲用水德稱首作鹹之利以資
富有惟古郇瑕地勢沃饒右限大河南峙中條寶沈之
次畫野定標滙而爲池雲蒸霧歊結而爲鹺雪積嶕嶢
始出神力民不告勞自唐歷宋祀事孔昭於皇元聖奄
有萬國山川貢珍百神效職靈池之產歲增萬億大德
三禩封號加錫皇慶御極嘉神之德廼作新廟新廟奕

奕於以揭虔有嚴禮秩神人洽和用紀成績緊神之休
國用阜康既富而敎頌聲洋洋比屋可封遺風陶唐於
萬斯年寶歷無疆

那海德俊槃聖惠鎭新城記　　黄　覺

河東陝西等處都轉運鹽使治曰聖惠初丙申祀姚行
簡繪圖獻於上上可之乃芟荞夷榛立司於池之北滸
曰路村仍命行簡專掌鹽賦是時鹽始有課民獲食用
也延祐以來易以今名載葺廟貌曰池神曰學宫曰三
皇行用庫譙樓鐘樓館傳場敖隸屬之所靡不具萬商
輻輳爲貨泉之淵藪室廬聯駢樓閣輝映惜乎散漫縱

橫無山谿城隍之固加以河南不軌之徒猖狂恣逞關
鎮之民宵旰蹙額止以天塹爲恃倘有不虞何可以生
至正丙申夏上擢章佩監卿那海德俊命總河陝鹽使
下車日訪民所戚莫先城事公喟然曰民惟邦本豈可
重戚吾民走伻請於朝乃規材僦工徒步經度奠厥方
而以爲制度凡民田廬所礙者倍其直以市之於是丁
夫星布畚鍤雲集命吏柴瑄董其綱築墉構門治各有
人公朝省暮覸口授心畫雖風雨不懈其陴墉凡一千
七百丈爲門者五每門一則築土爲臺崇二丈奇廣不
及崇二尺袤增崇之三丈甃以陶甓中峙櫛木以爲塗

道重扉嚴鑰石樞鐵鐏上構屋四楹戸牖洞達教卒五
剌伐坐作之法以備非常門内外左右各爲軍廬八楹
又議察所三楹正北門則塞永豐故渠改流牆外迤邐
西南就爲城之池其臺廣袤倍於佗門屋迺四楹旋角
碧甍朱檻翬飛跂翼左右夾室二楹其制稱是巡警休
宴則居之門少東又爲水竇一鐵櫺石港以通行潦西
門之竇亦如之軍廬增各門十三楹西門則不及七楹
議察所又增其一墉之四隅構烽火屋各四楹以爲覘
伺防禦之所經始八月己巳迄功季冬之末力則鳩兵
二千五百人庶民輸財赴役者不與會計財費則皆公

之規措也越明年三月鎮耆士相率詣余請爲文以記
余惟斯鎮也創於丙申周兩甲子而成城於丙申吁天
使之然耶公嘗監烏江州牧創石橋三十里民免病涉
之勞至今德之今爲新城圉斯民於永遠安恬之域而
民不知勞佗日闔境之民指高城深隍而思公曰勿隳
勿壞此召伯之甘棠也故摭其實而書之

重修解池垣塹記　　明　彭　華

箕子陳洪範以食貨爲首政孔子繫易以理財正辭禁
民爲非爲義聖人治天下未嘗不理財以利民而理之
之道莫先乎與山澤自然之利自管仲以鹽利富國後

遂有榷鹽法鹽品非一而自然之利可以坐致者莫踰
解池池之垣塹不密護視不周或雜流浸淫以入則鹽
不就或小人相羣以盜竊至爭鬭不可禁我朝設都轉
運司募民入芻粟於邊予券給鹽往往得利於兩淮而
兩浙次之解反出其下豈亦事事者有未備與御史廬
陵王君臣特奉璽書往視事下車初即宣朝廷法意痛
繩貪墨力禁姦盜且時出納平估直一切當興復者靡
不舉行傍池地侵牟於人者悉取歸之官而周池垣塹
遂以興築環池四面爲垣南北高十有三尺厚如之而
殺其上得三分之二東西高殺南北之三尺厚又殺二

尺垣外爲塹深十尺濶如之塹外爲堰堰自中條山北麓來者俱完其舊垣下置二十四舖舖置邏卒五人經始於成化甲午春正月數越月而訖工初役之將典素爲姦利者洶洶造飛語君屹不爲動慎選監督之人凡任之事皆心計口講惟其宜而餼廩及版榦畚鍤甓石凡百物皆預有備又躬自勞徠察其惰勤而懲勸之故人爭赴而樂有成鹽大熟盜不得私竊巨商細賈競聚池下鹽大售於時解池之利漸出兩浙兩淮上矣王留一歲卒孟侯來徵記曰是惟王侍御之功夫爲國家興自然之利而不使民陷於爲非一宜書事有成效不自

矜而歸功於人二宜書矧冀嗣而來者之無隳前功以爲利於無窮三宜書以三宜書不可以不書遂爲之書

新作鹽池東門記　劉　健

鹽利禁於官自齊管夷吾始秦漢而下屢有廢弛大抵禁時多廢時少其勢然也然諸鹽所產不同或於海或於井謂之末鹽皆須人力而戶自煮之其禁之也難惟産解州者謂之顆鹽不須人力出自天成且止一池耳其禁之也易我國家斟酌歷代之制鹽禁雖嚴然在他州皆遣御史獨解州不遣不無徼意焉成化癸巳朝廷始從孟淮之請遣御史而盧陵王君臣實當初遣遂大

爲垣塹以周於池若邊郡之城隍然於是瀕池咫尺之民皆食鹽於官視他州戶得自資者迥異池廣袤百二十里獨北開一門運司治在焉往來商賈悉萃於是豈惟車徒闐塞四方之人病之雖瀕池東西民爲官採鹽者亦以爲病近御史吳君珍請於朝得再開東西二門東當安邑西當解州併路村爲三於是翕然以爲便東門旣成安邑令竇君祥董役事與余爲鄉人書來請記余惟鹽之爲物雖微而日用不能無故總而計之利莫大焉解鹽乃天地自然之利其出無窮非他州之須烹煮者比今盡錙銖悉歸之於官使誠得以佐國家經費

之用固無不可而或者乃爲豪商勢家所竊擅奪彼以與此其失也何擇此最司國計者所當留意故因竇君之請併書以諗焉

復鹽池西禁門記　袁翺

解鹽本有東西二池東屬安邑西屬解州各有門以通出入姚行簡徙運司於路村而解之分司遂廢然禁門猶在也我朝御史王公臣來蒞其事見禁門去運司四十里剽竊之徒難以防制於是徙門於路村而解之舊門窒嗚呼利之所在勢所必趨方是時商賈之懋遷覊人之旅食與夫工執業民赴役者紛紛然皆都於路村

而居解之民浸以彫落歲壬寅大水堰決池破癸卯大旱甲辰乙巳旱益甚解民斥地不毛死者載道而路村之民安堵如故丙午夏御史吳公珍來晝夜孜孜勤恤民隱乃下令曰路村之民民也解之民亦民也民皆兄弟也吾欲割其所有以養其兄弟之無告者夫何由一日考圖經得東西二門舊制躍然曰在是矣乃命同知黃琳相度經營闢禁垣而關之夫然後解之市井紛紛然將與路村埒而居民漸有生色焉不可以不書

俞汝爲

河東瑞鹽賦序

鹽之以瑞名也自唐大歷中始韓滉馳奏上賜號寶應

靈慶池宋祥符七年蚩尤爲祟召關將軍會嶽瀆陰兵
殄之崇祀至今加侈焉士女摩擊若狂者數日有司莫
以禁是月鹽花生風日鎔冶神液容起若凝脂積素詭
狀的爍柳柳州謂神造非人力晉寶之大者信哉余產
煮海之鄉創見而異之乃濡毫作賦其辭曰粵稽浸之
警瀉兮天絪渟滀而靡之瀰浩淼而無垠兮浴日月於
崦嵫蕩懷襄而底積兮龍門鬬而東馳既委滙於渤澥
兮紆餘漽以爲池覽昆明與太液兮歷汾晉之濛氾靈
芝之泛上林之承露兮濯九龍於渌水之湄鼓蘭橈於元
沚兮翔回鴈於金隄洵鯨分而霞紛兮非鼎鼐之所資

衒楈柮之崔以嵬兮鄙嗇積而滕川導黑水於鞡鞨兮
氣蒸薄於枳棘之巓引身毒之粱胥兮炫五色於西海
之蜒或飲沃以自封兮亦何畀於中原羡管子之煑海
兮郇瑕氏之近藪引太寧之飛瀑兮閟呂梁之形號齊
有渠而燕有遼兮計口授而登徂鬻牢盆而煑兮嗟薪
櫄之作苦天授非人力兮曰河東之鹽其爲池也方百
里而爲滙兮圜虹堤於七郎凌石門之巉巉兮巒雷首
之蒼蒼隱巫咸於騰突兮埋山蟲於異方濡玉鉤之交
澍兮引檀道之㽔漿倚中條之危徑兮接鳴條之故岡
曰有神以司之兮胥士女共若狂屆鶉首而虔賽兮集

鳥隼其飛揚旣樅金而伐鼓兮亦鳴箏躧屐其翱翔羅綺繡以爲飾兮儼珠翠其成行紛魚龍以角觝兮飄蘭蕙之奇芳極海陸之珍錯兮夾阡陌而中藏神之假而琛瑞兮昭靈應於惟王其產花也不樵不冶匪煉匪炊布以祝融之令佐以風姨之威噴以龍岩之雪煽以遂谷之吹始凝漉而標結兮沾飛絮其若枝旣圭折而玉碎兮積炎暑之凌澌駭晶瑩若壺照兮散明月於瑤池司鹺告以成瑞兮裒丁夫於河滸咸荷鍤以環畬兮倏分疆而競取誇積露其如堋兮求千廩於廿滷走騏驥於虞阪兮隱第五倫於市賈虛宏正因而課最兮徐景

山賚之救鲁守塔𫷷於三汉兮實度支之覆奏嘉鹽梅之既調兮薦和羹於秬卣崇靈慶之殊錫兮垂血食以永久灌秦隴而實燕代兮竦翬飛而祈終祐方其厄於洪濤也歌帝力於神堯竄天吳以夷蕩兮波不沸而稱僥及再厄於蚩尤也會嶽瀆以鳴鏕雷轟轟以吼怒兮妖氛殄而神保吁嗟乎代有饗而祀有嚴兮洵斯池之所遭

重建鹽池神祠記　李東陽

聶歲山西副使陳君抵予書曰宏治甲寅軍儲闕賦有司弗能給巡撫張公念惟解池鹽利可取奏之朝給三

十萬引某分巡河東實授檄焉時歲饑民病先發粟賑之始俾就役會大雨公繼至憂甚劇乃共禱於神翼日近池州縣皆雨而池獨無越十日鹽大結課不勞而數足足之日雨復大至公歸惠於神因慨其祠傾圮爰出贖金仍籍民之居貨取重利者各出貲爲木石費命安邑以官夫佐之始於冬十月至明年四月而成亦若神相之者又明年張公以南京兵部侍郎北上語加祥曰此敷華所賴以舒吾憂者也予惟天下地利鹽爲大夤海之力菹薪之伐牢盆之制勞甚矣而歲課每不給惟解池所出朝取夕復其利不窮此周官所謂監鹽韓獻

子所謂國之寶者顧其產必視暘雨燥濕爲豐約雖大鈞之運歸於無朕而土地所在必有神焉主之神液陰漉孕靈富媼柳宗元亦嘗言之矣然所謂神者不必有形與聲而昭示響答或不可抿則存乎人焉故曰有其誠有其神誠於爲國爲民者神必有以應有其舉之莫敢廢其茲祠之類也乎且夫存乎人者亦非特事神故也蓋必量其貴賤節其賦入如昔之監司者則公私兼利不求神而自足若夫豪家之占奪近池之障惔神雖有知亦安得而與其力哉此寶應靈慶之封亦議禮者之所異也予獨嘉張陳之誠於國與民且徵神之靈也

故爲記之

渠堰志　湯沐

解鹽藉主水以生緣客水而敗主水乃池泉之渟蓄斥
鹵之膏液客水乃山流之泛漲渠瀆之衝浸世知是鹽
成於風日不假煎灑不知隄防少虧决注已甚潔者汚
醇者漓凝者紓矣故治水即以治鹽也然客水有遠近
其設防有疏密貽患有大小而施功有緩急大抵池形
若腰盆東西長南北短南枕條山雨水易廹然非泉濶
所出且横亘有護寶堤依山有桑園龍王趙家灣大小
李西姚諸堰縱有飛瀑亦各容阻甚至毀牆而已多不

能入北沿壙壞平卭與水隔絶無足爲慮若東西盡處
則俱逼禁堰一牆以外即客水所鍾矣東禁堰者有壁
水小堰月堰及黑龍堰矣西禁牆者有卓刀七郎硝池
堰各從東西自高而下多則决少則浸禁堰不能受則
入池矣黑龍堰之受害實原於苦池苦池乃姚暹渠蓄
而復流之所也硝池之受害實原於涑水涑水在姚暹
渠之北勢高於彼者也二水皆自東北而西南出自夏
縣一由巫咸谷白沙堰爲姚暹渠北合洪洛渠一由王
峪口爲李綽堰西合姚暹渠總經苦池迤邐西向自安
邑歷解州抵臨晉入五姓湖此姚暹之渠道也出自絳

縣山谷由聞喜東北來者爲涑水亦西行受稷王孤山峨嵋坡諸水經猗氏抵臨晉亦入五姓湖此涑水之河道也五姓由孟明橋注黃河則極矣姚暹首中多太狹涑水中尾亦多窄苦池在安邑不勝李綽洪洛姚暹渠之受其勢必自東北泛溢於黑龍入黑龍則壁水小堰月堰不能支而竟衝決於東禁涑水在臨晉不勝山坡之受其勢必自西北橫溢破姚暹而奔騰於硝池入硝池則七郎卓刀不能支而竟衝決於西禁況東北有湧金泉亦注於黑龍西北有長樂灘亦注於七郎此東西隅水患之大約也故築東禁以及黑龍築西禁以及硝

池治其標也濬姚暹以導苦池滷涑水並歸五姓治其
本也急則治標其功疾而小緩則治本其效遲而大切
水脉者緩南北而急於東西先根本而後於標末雖嚴
其防障於東西之近堰而於姚暹涑水源流歸宿之處
常不忘其所有事焉則客水不侵主水無恙鹽利不竭
邊儲永濟矣

重築池牆記　王九思

鹽於民用功埒五穀惟解鹽湧水爲池一百餘里祥賤
拂拂來自東南水膚凝結便成玉粒蓋覆載之奇寶生
民之鉅幸也於是全晉之地以及雍豫蜀漢之交悉仰

於此國朝樹之運司官之長貳因池以興利執券以御
商榷課以供國流販以裕民歲命御史一人涖其事若
官之臧否鹽法不法悉以憲度從事正德丁丑南昌熊
公天秀實當其任剔蠹摘類威行惠流然守池之卒日
以盜聞公在閱則短垣及肩莫能捍禦歎曰細民見利
而弗動非情也以國利與盜者慢也誨盜而殺之非仁
也歸論其長吏欲爲一勞永逸之策曰戒爾役徒具爾
版幹輯爾工材其以五月之吉有事於池敢後者罰又
簡其吏之能且良者授以方略俾之往督曰更其勞佚
時其飲食垣之欲堅門之欲嚴其以十月之終卒事乃

咨戀命與事之晨公躍馬往勞執役幾三萬人罔不忻喜及期役完垣以丈計丈有五尺高倍三之一圜如池之闊而加多焉其外爲馳道爲隍其深廣如垣之厚有水環焉門之南北西向者各一其上有樓以楹計者各三其樓之相距爲鋪者六十以楹計者各一凡門與鋪各守以人於是昔盜皆散去守卒夜臥警柝不聞郡縣長吏相與謀曰惟茲池之故重利所委盜賊踵至日殺人於庭罔或畏死惟公洞視遐覽好謀喜斷滋榷以給公有體國之忠渝寇以爲良有子民之仁安邑知縣張鐙告諸前史王九思爲記功之碑其銘曰條山之北鉅

河之東啟秘發祥肇自洪濛關爲潞陂寶鹺乃興乾敷
坤承翊我皇明良貿懋遷如流罔滯惠浹羣藩以裨國
計相彼四匝頽乎傒埒慢藏誨盜其何可輟皇眷斯土
乃畀熊公舉我子民以築周墉周墉崇崇亦孔之固載
作之門慎此夙莫孰曰寇狡維我其晝孰曰民懿維寇
之革士慶於官商歌載途公不爾留翺翔天衢史也秉
公作此銘詩敢告後人嗣以治之

建河東書院記　　　　　　　　　　呂柟

正德甲戌春張子仲修巡鹽河東官吏革留商民胥悅
廼從官師之請作河東書院於路於是諸草人店人牙

人獻木石暨力諸工師獻能諸閭藪獻厥植廼遷義七命理廼築堵周七十雉廼作先門三檼南面北渡石杠儀門三檼又北講經堂五檼向棚前南面阼階雙桐夾階桐外有松栢若槐東爲崇義齋五檼西面西爲遠利齋五檼東面碑亭二在二齋南南面齋負序序交儀門之南墉儀門東東號門南面東號門而北東上號門東中號門東下號門皆西向北上東序在其前三號皆南面三檼自門折道以登其榮皆夾樹下楸中槐上桐皆背二梨其夾階也皆荚栢號皆有廚二檼在左西面儀門西西號門南面西號門而北其制如東號門而北表

二門皆雙楸退思堂在講經堂北五楹南面二槐夾階
茓栢在其南四教亭在堂北亦南面堂東偏南下爲左
曲房西面其後胥人房西偏南下爲右曲房東面其後
隸人房西牖之西蜂房四區東面東牖之東蜂房亦四
區西面四教亭北築閣搆樓曰書林上祀三晉名賢側
藏籍其林帶水爲環池如圜璧以種蓮泛舟曰天光雲
影又北爲亂石灘灘北爲山九峰中峰曰仰止亭東曰
杏壇西曰桃源旁皆甃井曰源頭四洞先後山曰遊仙
蓮池在山後巃嵸岫嶺巖皆有茂木緇霧縈雲故左曰
豹變右曰鳳鳴自環池東爲石橋園亭曰甘心西爲葡

樹園亭曰月種皆背松栅菊籬見山在山北西面亭曰悠然其後牡丹園亭曰麗景又其後紉蘭園亭曰余珮皆西面亭皆南面竹徑通幽在山北東面亭曰緑猗其後荼蘼園亭曰徵風又其後藉草園亭曰一般皆東面亭皆南面自仰止山後歷青楊而北爲游息亭又北爲百果園其山北東麓甃井槐亭西麓亦甃井槐亭翻車上水瀦山翼流南過源頭井又南會於亂石灘又南匯爲環池環池東南閘流過東蜂房南縈東號廚至東號門之南東匯爲方塘西會西流於石杠其西南閘流過西蜂房南縈西號廚至西號門之南西匯爲方塘東會

東流於石杠又北流分灌山後諸園至於百果故君子入先門則懷德瞻儀門則正履視碑以懼後居齋以齋心陟崇義思入神降遠利思窒欲升講經以考業處退思以防過守四教以存誠仰山以樂仁覽水以樂知覩蜂房以思義仁且知與義矣斯周德曰心忠也月種順也忠順不失斯見歲寒不凋之節故松棚在其後松棚者與松爲朋也是故歷亂石灘可以知險登書林樓可以知危游杏壇以述古訪桃源以濟世憇悠然以正出處閲麗景以觀造化撫綠猗以成圭璧賞微風而識乾坤是故余珮如蘭斯馨藉草靡他其適若是乎可以游

息矣故游息亭終焉譬諸草木旣爾斯果矣故百果園
又終焉

運司學進士題名記　前人

南昌熊子天秀巡鹽河東之期年旣鼎廟學瀕行而建
題名碑夫河東較利之地運學講義之府商賈逐末之
流髦士務本之人非義無以辨利非士無以形商作士
莫如敦實敦實莫如尙名進士者未仕者所求至者也
已仕者所由以行其志者也名可不重乎故錄字以尊
名也錄經以原名也錄登科次第以實名也錄地以稽
名也錄官以成名也錄始仕未及仕者虛其下以俟名

也錄始正統丁卯本運學之復建也諸士朝升而暮降左瞻而右顧前之車後之轍昔之形今之影寧無怵惕於中乎曰斯人寬以戒狹曰斯人果以戒疑曰斯人剛以戒懦曰斯人廉以戒貪曰斯人忠信以戒僞曰斯人達以戒滯曰斯人高尚以戒汚曰斯人諂病吾直曰斯人溺病吾立曰斯人暴病吾仁曰斯人險病吾心曰斯人謗病吾德奉七戒祛五病於是考政於是善俗於是康國其科巍其名顯其熊子之志乎不然彼進士者三年之間而三四百人當日即弗聞者多矣又奚貴耶栫聞之稷契題名於唐虞益皋陶關龍逄題名於夏伊尹

傳說題名於商七君子者固晉産也名至今存與日月同光故有題一世名有題千萬世名諸士如欲題千萬世名則熊子固欲磨上黨之崖礱太行之石挽西河而模墨本於天下矣

運司學舉人題名記　　前　人

進士題名於左矣又奚有此乎錄未登進士者也如登進士又移名於左不登進士終其名於此然固加於歲貢士一等矣亦可以勸士亦可以戒士雖然如其進士也貪祿位附權幸蠹忠直虐百姓漁貨財隕聲而墮望殲躬而殄後此雖䄄樵漁者不如况能及爾舉人乎如

其舉人也秉公忠履廉潔奉軌度毅然獨濟艱危安國家銘鼎而勤彝光前而裕後此雖視師保者不讓況肯比論進士乎是故名以實貴亦以實賤名以實薰亦以實蕕實有大小名有遠邇伯夷流寓也而首陽賴之顯關某武士也而解梁爲之神王通布衣也而龍門籍之高斯三子者非其里人乎又登何科耶諸君子倘有事於斯言則熊子題名之意不沒矣

修河東運城記　　前人

嘉靖三年秋大水運司城幾圮侍御盧公惻焉欲輒發以圖久遠然以瓜期且屆姑發東面以俟後哲落成運

城人歎曰斯子孫千載之利也不可不記且此城爲省
交會一方具瞻然地近鹽則鹻易齧其足土挾沙則風
易彫其膚板帶磽礫則雨易剝其面故今歲霖霪幾淪
乎郛也而又內處富賈盜易窺城大無兵盜易攻巷寡
土著盜易取雜聚五方之民盜易入土無嘉實而有厚
蒸盜易剽故往年流賊幾突乎郭也公乃選官吏輕訾
筭定征役謹命令循其舊規斂其新矩裁其崇卑壹其
博狹均其厚薄凡兩月告成屹爲重鎮呂柟曰閭之管
夷吾曰大城不可不完郭周不可外通否則亂賊姦遁
者作故莒廢渠邱楚克三都而智瑤思以汾水灌安邑

也公斯舉所係乎國者重矣運城人又曰一面甃三面
皆可甃也一面舉三面皆可俟也於此可觀五實焉險
設而不驟力舒而不廹財樽而不汰業廣而不專名成
而不私於此可觀七教焉惠足以敎畜衆廉足以敎度
財寛足以敎節勞智足以敎豫事厚足以敎敦本信足
以敎經國呂柟曰此在公特一緒物耳柟近謁公論文
貴質不貴艱論學貴行不貴辨論政貴平不貴刻是以
編䂓常鹽商無退怨洞開三門民無偏利地不重給丁
無積累訟不狥人獄無寃滯而又申修書院課藝不倦
博愛運學周貧不私此則與甃運城者也且公之官可

行道於天下當其志且欲城九州而守四夷曾以此城爲功耶於是運城人曰問甃運城記得聞甃天下城記矣於是公聞之曰將判官不忘往日之同寅厚望於我耶知勉矣公諱煥河南光山人

甃運城西面及廣郭門記　前人

河東運司城往年廵按盧公已甃東面留三面以俟來者乙酉春初公繼至運大夫士請續前績公唯唯已而夏雨水鹽未花秋大熟民不困公曰使民斯其時乎夫鹽旣不採丁輸百甎城可旬日畢也謂運城西面受患尤急遂自九月興作以石甃基續以甗甋月城亦充拓

改甃可轉車馬至十月而告成耕歎曰於此有先作之者矣後不繼其先者亦孤於此有後欲作之者矣中者不續其後者亦沮斯役也可以紹先可以開後豈一已之庸乎昔者周公之治殷也克愼厥始微君陳和中則畢公亦何以成終哉夫雖三后且欲其協心如此故公之斯役輒不陶冶其財不賈役當興稔其力不困諸料既備使之農隙其心不怨物土有方其功不遲官有定守工有定規其誠不苟畢而後行其令不甕信而後委其人不悖故一時庶民子來舉插如雲歡呼如踴雖鼛鼓有弗勝者矣嗟元城宋城而城者有睅目皤腹于思

丹漆之歌以其棄甲而復也豈若公之斯役七美咸具
而得民若是深乎公諱杲字啟昭

解州全志卷之十三　安邑縣運城

藝文

重建察院記

明　張璧

河東察院爲巡按御史所臨以平鹺政以廉吏治以考民隱所繫重矣宜壯制偉觀與責稱顧敝陋弗整臨者慨焉嘉靖乙酉侍御初君來按茲土先是盧君堯文蒞滿當行謂君曰院就圮君盍成之君曰諾既乃曰予惟先公務而後從事遂銳意經畫修卓刀諸堰導姚暹諸渠甃運司西城開大郭門嗣是誕告諸州縣選才吏裒前所餘貲撤舊構而新之始民居雜近院後君易以

官地俾得徙仍給其須乃周遭築重垣若干雉作先門三檼匾曰察院察院前樹屏建坊榜曰正肅左右峙者曰激濁曰揚清中爲堂曰風紀後爲堂曰退思又後爲寢室曰氷蘗皆五檼旁兩翼爲庖廚爲書吏房前後俱作捲棚綿亘庇蓋氷蘗堂北有亭曰栢香東曰憶梅西曰存竹皆繚以短垣門皆南嚮先門傍鴈牆各有棚房居祗候胥徒南左右各一屋爲各官次舍前榜房故狹隘又廛市與院門相值復以地若干丈南開委巷諸皆從榜房後出入爲警鋪者二每邏卒夜巡鈴柝四匝察院之制備矣既宏乃規弗愆厥素兹其艮役哉璧嘗觀

暂持憲者先諸公而後及其所緩是役也可謂知務然

侍御之志豈但已乎蓋山澤林鹽皆國之寶而今之鹽

利可以坐充國課者莫踰解池然利於官則有廉污利

於民則有惠慝欲惠民先繩吏是故不可無激揚之典

激揚者風紀所有事也未有己不正而能正人者故風

紀以標其憲正肅以約其趨退食以廣其思氷蘗以嚴

其操而又履竹之潔挹梅之清甘栢之苦檢身飭躬靡

不至夫然故平物有衡燭形有鑑舉刺興革無往弗臧

而凡天下之事皆不足爲矣獨鹺政也哉此又侍御君

取名之義也

氷櫱堂記

康海

潛江初君按山西數月政通事獲百度聿正於是舉廢興圮經營河東察院區其蒞事之堂曰風紀退食之堂曰退思私寢之堂曰氷櫱以書來關內請余爲氷櫱堂記予聞君高才令譽於大夫之間甚熟方愧無以覩其丰采乃以簡命治鹽於是地即吾陜所逮見者耶之何嘗索索然但以瑣細苛察加官吏升斗合勺責市曹纖微特較於末犯綱紀反畧於橫鯨者哉自惟山林僻久荒於翰墨無以表著賢謨聿申嘉告肆覩來章憮然於懷抑已久矣夫志者事之緒也覽者感之端也弗有所

覽感奚生焉弗有所志事奚成焉故君子款識其恒器者所以嚴警戒愼操履也然器苟閒於罔用則感或局於未稽豈若是堂升降必覩寢興與俱覿于其目則生於其心篤於其行則善於其事哉明諸權悉罷茶鹽之政視往加嚴乃獨以風憲之官領其事蓋利甚則姦生枝繁則本拔欲通其關而疏其塞非有氷櫱之操則動躓於轉移事昬於聞見雖有强志之士無能爲也今君滿而歸矣凡其所已行者皆昭然在人人莫不以爲難顧亦職分之常而敦戒懋修如是數者又不但御史而已凡有官者尙克省之哉

重濬濬泉記

楊東

條山之北有泉南去鹽池半里許泉上有亭匾曰甘泉亭用八分書字畫遒勁然未有年月姓氏余曰漢成帝時楊雄奏甘泉賦非其地耶或曰非也此濬泉誤匾爲甘泉爾乃稽志濬泉在鹽池北池水皆鹹此泉獨濬甘泉在聞喜縣東二十里南流入涑則此爲濬泉無疑匾之者無乃賞鑒此泉以濬之意不如甘故去取於一字之間耶然不可知矣斯泉也非獨正潔之性不溷於瀉鹵而已鹽卒當赫曦之時莫不羣聚牛飲用解渴乏乃千萬人所依以爲命者曰久而淤遂成胥井鹽卒往往

告病爲之歌曰泉之淤誰則屛之使我鼓之舞之泉之淤誰則湜之使我飲之食之去年冬逕使黄君請濬弗果今年春同知吳君署篆復請許焉累日不及泉余諭之曰物之在下者莫如井井之象其下爲巽巽以深入爲義者也入不深泉不及也於是掘初之泥斲四之甃無二之射有三之渫而泉始活活如故鹽卒乃復歌曰泉流深深實獲我心泉流沘沘實獲我所又各相矢曰我輩當竭力從事以無負我公濬泉之意所不與我輩同心者有如此泉由是畚鍤一舉而數十年之逋負以償未必非斯泉之一助云爰撤其舊匾仍以濬泉易之

所以德二君之請而亦以賀斯泉之遭也

新建運學尊經閣記　馬理

河東尊經閣者運司學宫之閣也學有書千卷藏之庫正德辛巳侍御邱公來理𪉷政如學宫進諸生講誦出書於庫庫則㪚且壞也公曰異端賊道今其言遍天下天下敬其言弗盥弗視金匱錦帙藏之惟謹視其書自諸隱怪妄誕之外多淫辭漫語絶之猶懼滋蔓乃天下公崇之何也亦緣其徒先自重故人爲所惑先聖王之書於人若水火飲食信而行之則危者安亂者治亡者存猶覆手也吾徒顧不知重使風雨鼠蠹至亡滅而不

救愧於彼之徒矣吾今爲若藏之他日得學宮東隙地
垣之南面條山爲樓樓崇二仞朱戸雕欄貯書其上公
曰書其得所矣乎然書孰爲尊經爲尊學者先明乎經
有餘力則以及他書否則窮經而致用亦足矣夫經有
聖人之道四而害之者五以經邦者尚其道以潤身者
尚其德以致博者尚其文以守約者尚其禮斯四者聖
人之道也而他書不與焉異端之害一風雨鼠蠹害二
訓詁而聽說害三詞章而枝葉焉害四舉業而干祿焉
害五斯五者天下之達害也今風雨鼠蠹之害免矣除
四害輿四尚是在諸子於是名閣曰尊經示下上於斯

者知先務焉

運城鄉學養蒙精舍記　　前人

古峰余子巡鹽河東三月乃觀民而歎曰惟茲唐虞遺民乃或弗淳厥責在予其何尤乃圖教其父兄以及子弟爰遵制建學於鄉學成爰入學崇訓修約講學行禮觀德養老訓諸蒙士凡入學修約立約正約副約贊三執事人惟民之父兄惟俊夫訓者乃皇祖之訓所謂教民文者是也凡月朔望三俊率諸義民入學乃讀教文俾衆諦聽以戒以勸是謂崇訓夫約者呂氏鄉約古峰就加潤澤者也嘗揭以示衆俾日率由至是考祥省愆

是謂修約於是言言於是語語於是詰難率以法言法行是明是謂講學於是陟降周旋術矩蹈矱是謂行禮於是張侯設物主賓就位衆耦有敎揖讓和容與舞以射是謂觀德於是序坐以齒揚觶飲酒肆歌風雅以侑以燕諸愿不典是謂養老是諸父兄之敎也學有規制先古峰記載詳矣由學而入而東則養蒙精舍在焉中有游息亭者卽觀德所也亭後有堂六楹曰養正擇師居之所以敎也左右四齋曰孝弟曰謹信曰恭敬曰藝文各六楹弟子居之所以學也是謂養蒙是弟子之敎也凡朔望施敎古峰子涖焉凡淑愿必間行有小大勞

亦如之其大者卽如制表閭免役以榮以耀俾衆望以
歸厥不在時諸寘頑踞人行有小大罰亦如之其大者
則屨校荷校滅趾滅耳以戮以徇俾衆咸以遠是故晷
哶設而安宅麗焉夫父兄斯知歸矣子弟焉往是故河
東民故健訟今日相覩而善恥訟改行夫誰之力也初
古峰蒞衆和易小人竊議不威君子退而歎曰御史以
德禮教我弗率且移屏弗齒是殆甚於不可仰視者矣
卒孚威如君子言夫古峰尊師取善非自用也夫鄉約
雄山仇氏嘗行之涇野吕子仲木爲解州判日嘗爲仇
氏訂正行於解城解俗至今美焉古峰乃又敎學於斯

安邑人大學生王世相者仲木之徒也古峰嘗選爲約贊呈十善卽榜而行之其遵聞行知又舍已從人如此非尊師取善而何古峰其眞不自用矣夫夫古今高明之患在自用其甚者則妬賢而嫉能乃古峰獨異撰他日休休之度其可量乎於戲古峰攸行可以爲君子法矣後之君子於古峰有取焉以光厥休吾知堯舜之民會可復見又不啻古峰子也盍監哉

重修河東書院記　　余　光

夫西渠子敦學興士以建書院其知今日將廢爲荒圃者乎夫西渠子建樓藏籍以博士聞以防濕蠹其知今

曰旣資其見復竊以歸而維人其蠹者乎是故作者之
慮之叢也其始建院懼夫或隙其術以厲人或指以爲
罷事而人將病已故溼野之敘及之其旣藏籍懼夫尙
名僞緖之習故谿田之記及之其終又懼夫誌弗行則
爲具文地弗守則爲游場而士以自病故大復之論及
之是故作者之慮之叢也而不慮夫繼者之不同也今
天下之人其上貪作者之名其次慕修者之義貪作之
名則作不自已而前之作者廢矣慕修之義則修不自
已而今之葺者不衆矣又其下則托諸無事坐視其廢
而不葺此荒圃之所以成而勝事之所以衰也同我者

繼則理斯院不至爲圃斯士不至爲蠹院不爲圃則
隙其術而詆其麗者匪忍則妄士不爲蠹則實其名經
其締游息而學成何游塲之患也夫興學以作人俾其
得志爲伊周不得志爲思孟其功固上於作者修者且
士而奮厲日夕游業則齋宇不及於頹經史子集相攜
以博觀亦無待於藏矣則是涇野谿田大復之作可以
無述也雖然西渠之建其思遠涇野師之倡其澤長數
十年之功一旦而廢余子不忍也今之日葺其舊以致
不廢所不敢辭所謂伊人相時敦士有志之士相與與
行則固有所待者也

海光樓賦　前人

粵分野以肇土兮維虞夏之帝鄉載詠南薰之章兮馳遐想於羲皇夫或爲茲池而發兮逮今遺響其洋洋大河跨以分秦晉兮泰華峙其西方縱大觀於奇幻兮川原晐其矚望爰建樓以延勝兮靈厥名曰海光面中條之崒嵂兮擁孤巘之崇岡彼月波亦罔儷兮顧井榦其奚當仰霄漢其與齊兮俯玻璃之瑱瑱雲霞流其璀璨兮拂珠甍而煌煌器車夜燭其下兮紫霧縈繞於其旁士女集而嬉遊兮魚龍衎觚之蹌蹌官胥勞而此憩兮遊騁萬頃之飛霜洞風披拂以蕩若兮甘泉迸冽乎水

漿伊海眼之涵晶兮抑河脉之通潢倏神物之變化兮
萃瀛島之眞祥忽豐隆導余往兮余先戒夫鸞皇余將
遵夫池之渚兮聊逍遥以徜徉壵余登此海樓兮及長
日之未央攀丹梯而直上兮望閶風以舉觴儼飛仙之
瑶閣兮倒瓊影於蒼茫瀇容與而聆睬兮捫列壁之奎
璜倚閶闔以排帝閽兮靈旗耀於前行約馮夷而幽靚
兮黿螭舞於沼中央邀至人於碧落兮恍與遇而相忘
信精英之契合兮發長嘯於大荒陡靑禽之來迓兮思
飄飄其如揚神縞縭其靡定兮欲鶴駕而翱翔輿人訴
余馬僁兮余將縻紲其羈韁余懼坦途之嶔崎兮何爲

馳逐於羊腸至人告予以成言兮子母中路其倀倀子惟執夫不淄之道兮奚悲素絲之爲黃余惕然以中省兮幸迷途之未長駟玉虬以亟返兮信蹇修其弗遑夫蒙汜猶可及兮寧自委於榆桑亂曰登彼海樓瞻北極兮星河燦燦中心惻兮余懷至人之言維翼翼其罔忒兮

重修運司北城記　　許讚

城何義曰盛也城何盛以盛民也民何以盛曰盛之以圖安也天地以形氣爲郛郭而品彙滋聖人分州野爲城郭而民庶安無異道也河東運司山川開鹽池之利

地土貧猗頓之富士庶叢萃官署森列夫利興則擴者衆人富則盜者乘門閥殖而居處宜崇官府立而馭御宜嚴此城河東運司之要義也開設以來規制卑淺歷歲傾圮弗治正德辛未燕齊起大盜偵知河東饒裕突至晉境御史胡仲善先期戒衆築濬城池高深有加於昔卒保河東然土性多斥久或弗堅御史盧君初君相繼規畫甃其東西二面嘉靖甲午御史余君來蒞茲土臨城遠觀若有指授狀久之乃曰郭北通姚暹渠水性無常鹵浸漬下附者弗堅則上憑者易剝北城其可憂乎乃進運司諸長佐語之所司奉命惟慎遂集丁夫呼

匠氏估費以出貨較力而受食伐石於山取甓於陶不三旬而告成商民士夫頌聲騰躍簧耳腧口故姚暹渠雖浸淫泛溢終不能竑巧舞神以少病吾城厥功茂哉不可不書

建運司外城記　閻樸

嘉靖庚子秋侍御舒公奉璽書按茲土弊用丕釐政用丕飭惟是城垣歷祀滋久風雨薦震寖及於敝公歎曰城之弗堅何以庇衆矧河東鹽利所委通逵四接商賈萃是國課儲是何者衆矣其必葳以重城乃下令郡縣胥率所部民來聽要束貲糧既具材器既輯乃度地輿

工其綿亘悉倣内城之舊其高十有五尺其厚得高之强半其外爲馳道爲隍深廣各與高等四門並啟扃鍵如式内外相維表裏互峙巍乎壯矣竊惟古之長人者其舉事也必規於義其愛民也必重其力故新作南門春秋刺之是役也自他人視之若緩而公必汲汲焉噫公之意遠矣蓋雖大有道之世不能絶意外之虞而君子經營天下鮮不於變之未形者而圖之也屬者三邊不靖姦宄竊伏履霜之漸可爲寒心公乃居安慮危除戎戒變及是閒暇而揆敘形勢申固保障以奠疆宇以藩皇國故曰公之意遠矣矧其惠洽於素化孚於遠且

將以民心爲垣墉士氣爲樓櫓地利人和又兩得之者哉遂記

衞民祠記　鮑道明

運司有城自至元二十九年始其存於今日則侍御胡公基之其甃之以甎也又自盧公始而初公余公繼之何公陶公又繼之四面甃焉遂爲重鎮嘉靖庚子古城舒公至追其所以成之者命運司擴胡公祠而大之易朽與頹大完其所未備更其榜曰衞民萃胡公以下四君子俾有司歲時祀焉又移何陶二公寘諸古峰之生祠於是數君子之功益白祠成予過焉公語之故予因

貲之曰祠何居而以衛民名公曰城也者所以禦强暴衛良民也運城規制雄偉三省之會而一方具瞻國有常課民有常業商賈萃於此有常貨各安其所而不虞寇盜之剽竊則此數君子有以衛之其制偉則其成之也難更歷數公乃克底績吁艱哉思其艱厚其報立之廟祀世世與城俱存於禮爲稱曰然則人各爲祠俾各全其尊也不可乎公曰夫祀不欲多也多則玩玩則不敬不敬則忘吾懼其析而不屬也是故合而一之欲其無忘爾矣曰若是奚取於倣也而更之公曰夫事有不再計而兩全者惟是運民之倣也惟是國計之詘也惟

是崇報之典之不容已也吾取胡公之祠基仍舊而克擴之於事爲省費業乘敝而增飾之於民爲不勞而烏用紛紛建立者爲曰運城之來也久胡公以上何遺焉公曰其世遠其人忘其爲城也彤圯而淪滅吾安得取之而焉得祀之曰然則何爲何陶二公之外建也公曰數君子者往矣惟二公事功卓卓未艾也功一也而存沒異焉不此之稽概謂其有功也而並賓主其間豈禮也乎又況名以衞民則如二公者豈獨終異乎哉於是運同劉子啟東徵言以紀諸石予嘉公之詔民有道而周慮以作事也詮次其問答之辭以畀之公諱遷字千

喬繖之縣人

西小池堰記　何東序

嘗考水不注川匯爲藪澤大者曰湖小者曰池曰沼湖陂出自天造豐功及物池沼力墾而成妙用在人縣官總山海開池籞致利以助貢賦上下足以相贍若解之鹽池天造盡人湖陂之利蔑加矣其地左輔巫咸右蒲洪流前趾中條後負峩嵋圖會四跨瑤璠畠衍薰風一扇萬寶皆呈蓋唐虞中天之會造化專與之淵也唐故名靈慶盈涸有時置吏置亭戶至雜遣司空度支雖與古今相始終而稉剔斂發猶未得其術焉今稽古應時

特重榷鹽之制自郡縣而至轉運轉相鈎較而專以御史臨之平輕重而權本末均課辦而佐軍與法至密矣歲督十三郡縣徒作中程收算四十二萬引發用三藩惟是恒雨病沒恒暘病涸以地聽天其勢不能兩得則有潢汙附池者六曰永小曰賈瓦曰金井僅存其半沸渭澆瀝迄今茲無數也備通變張弛之故充餉口并日之需頗收算可數萬謂之小池鹽先是繇以短垣淹久齲朽莫弭盜攘陷民於罔從而獄之以刑殆與開闌牢而發以毒矢何異按其地者𦘦事隨議游更三紀而莫之或恤間驅鹽丁版築遴乍未幾而隳吞擲入池矣萬

歷戊戌頤所汪公來按鹺昭智集思課正賦以待邦之大用斂餘貲以待邦之小用經產雜出燦然皆有耗極暇常鑑輿循行不遑假寐日討墜典券綱而申飭之墆財曲獻野壟奪媿公披龍鱗蹈虎尾探絲分於劇牙鑿齒之中得司存賑濟銀若干議徙詳費儆民之流冗者鳩而受工始二千人訖計週池爲垣殳高子厚增陴其上金井買尾合爲一區丈週一千四百永小自爲一區丈週四百池各門一廳事五未事人給贍家二銖旣事又酬食米四銖悉之金以千餘肇輿三月丙午五月丁未告成悅使民忘其勞子來成之不日劃址墉隍畢增

薄培底塡淤加肥之績絶窪坳重堤之患國寳在野稗
之惟謹利用厚生池無小大萬商皆當仰此公之用非
其意蓋宏遠矣運長佐閩山林君東阿馬君禾嘉陳公
等屬余紀其實余惟御史奉綸遐察歲一往代未有及
瓜不代者合符優游阜囊特達常條適事或未裨於觀
風之本公一往三見瓜期當宁倚毗無二所急朝夕所
患靡監至暑雨風寒暴炙偃薄而不以言憊李梅實袁
五穀熟虧消息之數天地不能以兩盈公升禮昭禠交
修容典廢祀池神條山風洞創祀太陽之宇蔪雨蘄暘
而無之弗告精靈冞蠁嵯花冬實述宣醲花溥海風回

黎小不奉私求萬戶鮮藏匹夫呻吟啼愧之聲未必不爲改蘇頌德矣覩一節而知百節固知應條之吏蔚蒸太平恤生之倫咸獲禔祉殆不止一池利鈍已也不佞草民黔淺惡能究其端倪焉蘇老三池今逈不載

重修野狐泉亭記　蔣春芳

余奉命按河東鹺政鹽花盛生檄丁役撈採懼其怠若事時往督焉從中禁門南行折而西過野狐泉前侍御喻公所建惠民館遺蹟也入其門窃如登其堂廓如環四壁率皆吟咏篇什讀之不能盡又進而後庭題曰源頭活水卽所謂野狐泉也泉上三亭鼎峙迥出雲表中

凌虛左觀瀾右逢原徘徊眺望見條山前拱蒼然遠色一鑑池塘樓臺倒影樹林陰翳鳥鳴嚶嚶此時逸思飄飄喜動淸揚間矣下而遶其後又有洞可憇有亭可玩有蔓圃可射泉亭之大觀已備第歲久人跡罕至漸就湮圮余毅然更新之斬荆棘薙糞壤燔榴翳泉源之淤塞者濬之前後池之蕪穢者蠲之榱桷杜棋欂櫨之朽腐者易之甃瓦墉垣之破缺者補之漫漶不鮮者丹䨼之至門外所樹之梓楔則又前此未備誠勝概也然竊有感焉泉亭一也如得其道觀風之暇以之閱鹽課以之節勞逸以之避風雨以之督工而考勤惰以之親民

而問疾若是亭之設不爲徒矣不得其道則必假此爲遊觀宴會之埸飛觴浮白流連光景吟風月傲煙霞棄國事而罔恤審若是豈惟吾輩之羞抑亦爲國者之憂余不佞謹以此自惕且鐫諸石以俟後之君子

新建歌薰樓記　　前　人

有虞氏彈五絃之琴歌南風之詩迄今洋洋盈耳誠萬古絶響哉相傳以爲南風起鹽始生虞廷之歌蓋歌此也三代以還騷人墨士摛辭染翰日習而不知余奉勅重修池神祠既訖工矣祠前有一厖棚與祠直卑陋蕪圮殊爲不稱卽命所司撤之構樓三間基沿其故制更

其新民不告勞財不濫費越月而工成八牕玲瓏殊可人意且條山揖於前神祠抱於後淡泉呈於左狐泉聳於右而此樓聳峙於中以之眺視上下瓊瑤萬頃浮雲飛霧迭相往來令人飄飄然有憑虛之想忽爾清風徐來入我襟袖曰噫嘻此南風也胡爲乎來哉意者其產鹽之徵乎人亦有言風來自東蠢蠢其蒙曷以起吾民之疲癃風來自西景物凄凄祇以重吾民之慘悽風來自北羣動休息孰能蘇吾民之困極惟彼南風吹噓大空資生鹽筴國課攸充誠足尙矣爰題其額曰歌薰樓蓋取解慍阜財之章載歌載咏於此也夫是樓豈徒快

耳目悅心志窮騁望恣遊觀已哉覩南風則思發生覩鹽池則思撈採覩料臺則思轉運覩神祠則思祈報觸目警心撫今思昔民生國計種種關情是樓不爲無助然則琴雖不奏自有無弦之琴詩雖不歌自有無言之詩况發於吟咏播於節奏寧不與虞廷之響相爲應答也耶乃若大風之歌秋風之辭非不歌風也一近於霸一涉於衰風斯下矣非吾之所謂歌也觀風者其愼諸

重修運司廟學記　　曾舜漁

皇明有天下二百餘年聖聖相承咸右文治人才風俗之美度越千古士生於時何其幸歟河東運城伊邇嵯

池百里環衛坂坻巖嶭而成巘玉膏滐溢而流輝富中之甿輻輳貨殖之遷駢坒畦戸編戸萃止千萬家斯所稱富庶邦也元立學宮國初寖廢正統己未始創典焉歷歲久長浸以敝圮余來督鹺政謁夫子廟四顧蕭然歎曰是何以副國家崇重之意而求教事於無窮廼鳩工掄材陶甓礲礎盡撤其舊巍然翼然高廣如度黝堊丹漆光彩溢目由是山川城郭爲之改觀闔學師儒諸余稽首謝請文爲記余不獲辭乃謂之曰維治有政匪敎孰成維敎有本匪學孰興今之黌舍新矣規制宏矣豈徒爲華美之觀已乎爾爲師爲弟子必有所以新所

以宏者在也蓋古者先王本道德經術以造士纂詳矣然詳於教而化導不嚴非清濁之原也又擇士大夫耆老之優於道德經術者命爲庠序之師至於閭胥族師什伍之鼓篋而從焉者亦無不以道德經術相磨切是以師無私教士無私學虞夏殷周之盛上垂拱而司契下綠督而自勸治化休明風俗醇龎率由此矣夫學之弗新制之弗宏是固陋之規也在上之責也新矣宏矣而居其地者不知自新其德自宏其業是師之咎士之恥也何者彼既遊道術之埸登洙泗之席漸被於聖賢六經之教則必口誦衷維苦於鑽繹而果於擇蹈宅心

醇粹而無假於雕飾操行端慤而無事於崖詭敦篤乎孝悌忠信之道使玆歌雅化被及閭巷人人有士君子之行學成而用入贊九重之理出服四方之政羽翼人世砥柱天常吾儒能事畢矣故皇家敎學所以望士者在是上之新學期與士共勉者在是舍是而心口狐離本末顚悖銛於進取至畔所學以趨當世一切之好乃穪者孔氏門牆所麾也故余因新學之舉忻然有作新之志遂爲之記以告於郈若士而勗其成云

解州全志卷之十四　安邑縣運城

藝文

重修運城記　　明　劉敏寛

運城草創於古聖憲鎮未及甎甃甃之自昭代嘉靖間侍御盧公始初公余公何公陶公繼之屹然名城爲百代鎮而內則猶然土壁也城濱鹽池不二射而近水土沙鹵不能風雨頻圮頻修隨修隨圮尋至萬歷之季搿力疲且不任修矣天啟壬戌侍御劉公來按河東公遡覽高蹈不規規事爲而綽負仔肩天下之度每謂宦遊以爲民也不貽百姓庥無論非張官本旨卽丈夫自

待不宜菲薄若是立綱陳紀鉅細靡遺未朞月嵯政蔚然豹變閲視城垣愀然歎曰城池民命所依誰爲司命忍坐視至此遂檄運長孫公呇之薦紳察之士庶謀定計周發帑募役爲一勞永逸之舉畫地約期擇官督課垛增尺許足捍矢石攔牆易甎永杜剝落新敵樓葺舖舍疏水道積飛石城外浚壕築牆鎗炮可施暴客不得傍城尺寸經始於壬戌壯月告竣於癸亥如月趨事子來歡聲雷動百年頽慠一旦金湯詎不偉哉向以有城無兵其誰與守廉濩池灘地若干頃足募鄉兵若干名搜舊械若干益以新造若干件屬官操守永無虞矣然

公一念痌瘝猶以是城沙鹵非他城比弗甃內垣則不能風雨猶故也歷數年而前功盡棄將使衛民者終爲病民旣非重修本意况同視甃外之五公能無歉於衷乃於啟行前二日慨捐節縮金一千兩責成孫公督甃內垣北面紹先碁後遺百姓庥殆無已時矣昔盧公創甃外垣東面而三面繼之今公創甃北面之內嗣是而按臨諸公量必爲國爲民嘉與樂就三面之甃可立而待不世之澤當與造物畢矣公諱大受江西人進長孫公諱可僎湖廣人

河東鹽池賦　　前人

天備五行是生五味潤下作鹽惟水之謂蒐渚探波汲
井障汐分及飛泉草木土石洶漉熬煎矯揉擘畫其獲
纖纖其勞役役惟兹鹽池不疏不闢肇判鴻濛參井之
分陰陽之宮股肱之域郇瑕之封唐都之南虞畿之東
稷山之址禹甸之中局圜麓而偃仰伏河曲而靈通縱
邇横遙幅員百里繚垣雉列斥堠巒崎若盂若盆如砥
如矢蓄幽壤之重泉涵天瀆之注水元玉簇而根盤堅
冰萃而床起中條崒嵂抱其前孤山嶕嶢蹲其後太行
巃嵸綿其左雷首岩嶤聳其右外則渠堰繡錯泗湃而
瀠洄内則崖壑星羅棼沓而輻輳時澄泓而鑒髮熘眉

時洶湧而黏天渥日羣峰倒影蘸琉璃而若浮百卉貢妍藉翡翠而欲溢凭海光而眺遠羌嶄巘之璁瓏倚歌薰而臨深恍灝景之昭融陟分雲而頫瞰森鄧林之鬱叢據五老而流盻壯金岸之赈虹千巖觔嶆而拱翼髣髴兮飛五嶽而會同殊流混沌而渟泊依稀乎納萬派而朝東五茲鼓其濱而衆民愉八駿歷其涯而上游著姬旦因鹽鹽以置官祖龍與重寶而建署漢皇黷武而資饒唐帝除宽而用鉅閱宋迄元一致百慮洪惟我明天作其功鹽弗待治而成課不竢徵而祿不啻什百於古初之充飫者也故乃氣肅膠折月白風凉土膏向歇

息機弗昌元律并凌威發栗烈急景凄寒氤氲闋結青
春受謝駘蕩舒恬餘陰潛伏曦景稽炎閱彼三時詎曰
無鹽硝版蒼溢漑澤弗需獨尾火首之鶉夾當翼亢心
之旦中赤帝握符火正致工箕伯鼓靈箑而液蕩水若
馭洪潤而波冲欲斂寶以就魄豫變態其無窮完碧既
暖流霞漸舒絢若制錦膩若敷酥塌花始凝賭輕揚而
泛雪黍粒乍墮旋零亂而沉珠儀斗鑄形不偏不頗任
天賦質不烟不火儼清冷而鏡圓倏縞素而粉傅霰槩
槩而綃連貝瑩瑩而練布玉龍鬭而甲揃素蝶墮而翅
蹁播藍田之餘屑膠搏風之颶絮蓉烟屯而霜冷壠寒

朝稀遠而星流雹遽茲蓋皇輿穆清夾介葢傷靈晛寵
綏丕顯明德地不愛寶瞬息千億可以畀尸賓可以調
鼎實可以作君味可以和民食猗頓不能封其殖王鸞
無所庸其億於焉詔百官督萬戶辨疆埸中矩矱旌勞
勩懲呰窳籌盈縮別甘苦艮時亟乘美利無吐筐筥如
雲鍬畚如雨比次如鱗旅進如堵健矯如風歡躍如舞
千倉萬箱如攜如取如坻如京在水之滸負戴繩繩涉
瑤溪而泛銀河捆載轟轟過阿房而輦滹沱蜂蟻絡繹
轉徙邱阿封馬鬣而客比象土屋而嵯峨匪掊克而藏
富豈朘削以誇多由是祖禹貢青州之範遵周官鹽人

之筴斥桑孔之陋規裁吳劉之故業權便公私羣情允協應時掔支森廩甲令千乘集而鋪敦萬馬齊而驍勁百夫勸而奏功五幟植而掩映進退適乎疾徐聚散倣乎奇正百室斯開三墉克併爾乃輗艦交飛販賈並躡轂擊騎聯袂帷踵接濟汾津沿姑射越沃霍達陽澤而晉鄙贍也由蒲阪入潼關渡涇渭遍秦山而百二給也穿青石杭河陽迴汝洛抵鄧襄而天中優足也季倫陶朱攘攘嘻嘻塡貲絡藏公家以肥財賦不匱矣佐餉紫塞士飽馬騰撻伐氊毳銷沮憑陵邊鄙不聳矣外安內寧金湯以奠于萬斯年受天之休九重釋西顧之憂矣

河濱九里池有一方聡此河東與與揚揚四民鮮領連
而無告矣乾坤浩浩今古延延形勝未嘗乏也而膏腴
坐收俄頃無算若與形勝爭衡者諒莫之能全利源固
不一也而畦畷交加山川四塞咸與利源駢集者或莫
之能前瞠乎其後者銅陵金穴嶺稱並軌者玉水金淵
故宜乎監臨轉運肅綱紀而重事權何忝乎春秋所報
毖九地而艾九天或曰有是哉全勝攬而寶藏與奏效
提而導利廣鹺池其天下之殊觀海內之珍域乎顧鹽
有時乎不繼何與曰雨暘時若採兼鉅細杜竊防銷澆
曬以濟源源陳陳惡乎不繼或曰曬鹽味劣卒致割地

如禁例何曰味劣非曬欲速其由曬久取廉撈鹽與儔或曰何爲樹防曰警賄通而緝販盜斯漏卮不耗厚覆藉而謹決蝕斯尾閭可塞或曰撈鹽間亦有劣者乎曰嚴審稽核峻信法程誰復爲劣皎皎瓊瑛或曰鹽商胡爲稱困曰挨支四年壓待鉅萬鹽歧美惡值分貴賤衰多益寡饒虧喬美鹽罄課存運發作難若非近者百計憐存濡沫餘生索諸枯魚之肆者殆將強半或曰甦困云何曰通其情恤其私與其利除其害庶桑榆之可收允上下其多賴或曰今而後知鹺池雖擅地靈籌策則仗人傑矣曰裁成輔相天地目因瞻彼鹺池復奚疑乎

爲政在人

新建宏運書院記　　李日宣

余不習吏事少時但從鄒南師諸老講學耳比釋褐即藏拙秘省毳改言路未嘗不與吏親而於吏事茫然也邇受事河東則日親吏事於茫然中求稍可自憑者一以平日所聞於父師爲要領而參以書生之知識日漸融會不爽分毫恍然悟曰學在是也予昔所問於父師者學也即吏事也河東爲三聖人傳道地而講學一會自曹師仰節堂數武外寥寥無聞余日覩諸老恂謹端凝居然有道氣象又皆振古循良絶世經濟卓然有以

自樹於世豈其於吏道深而於學肯漠然乎乃於諸老
間一尋會反覆研究又恍然歎曰學在是也諸老向所
自樹者非吏事也學也然則學何負於吏哉今之君子
以學妨於政而偏欲諱之且使天下士從事於舉業者
亦曰吾肆力於文章姑置是嗟乎學者學爲儒學爲吏
也今舉文章政事一切諉之學外無怪乎天下無真儒
無真吏而徒紛紛焉鶩紙上之月露釣口角之龍黄即
語妙天下名震四遠於道何居且夫不衷之言聖人弗
聽違心之行君子不居文章靈氣功名大物盜取亦爲
不祥况剽竊唾餘乘風雲於天上鋪張故事買尸祝於

人間則是鏤氷可以耀日劚沙可以尸饔也竊爲今之君子憂之憂之維何亦惟是刻意共學而已余既於育才館拓地爲室以居諸子矜繼念吾曹師還山有日諸老聚首更須及時登壇有人而擁臯無地長民之謂何於是卜得學宫之左射圃一區可以經營屬所司墾而搆之仍移其圃稍東爲搆成題其閣曰經正民興顏其門曰宏運題其堂曰傳是凡既備矣而余周爰始歸吾師亦應期且至諸老相向賀曰兆足行矣時余以家少司馬倒請引避旦夕且行於是相訂一月之內凡再會會無貲則薄有所捐買田以餙其詳具載志中問曹師

且請於鄒師記之矣而余猶不能已於一言者良以余之受命而來也吏事耳余不能以不習之吏事報朝廷而徒以所習之夙聞對父師何以稱肅將乎而非也天下患無眞吏耳欲天下有眞吏先須天下有眞儒眞吏易致眞儒難得使予爲其易而以所不習者塞責於目前無寧爲其難而以所習聞者報効於他日且未必無少補於目前乎此區區創始意也或曰予所題者傳是也而記不及是何也曰莫非是也人盡吏也人盡儒也我乃於其中求一眞則是吏非吏是儒非儒自有能辨之者此又予傳是微意也若其大義則與諸君子譚之

久矣

重修池神廟記

楊繩武

乙亥歲河東復大饑麥將熟而秕於淒風不告登而屠諸烈日亦極京燠之變矣乃秦寇且與河俱長鹽無瀝不走叵姓嗷嗷有殣於道者誰實視此何能不徬徨憶蘇長公之言曰以財與人不如以法活人之爲多時池神各廟不知圮自何年予仰觀俯察豁然得所以待此阻饑者蓋古人策荒每大興工作使民有所從事此意可倣也於是分修廟之工與儒學表忠祠演武塲並舉因之有材者得售有藝者得酬强者負重弱者挈輕日

倚此中生活者無慮數百人而工遂式第舉賔貢坊入
池具職也扶其頹中東兩禁門池鎖鑰也擎其墜海光
樓𤻲池如鑑整其彫零歌薰樓指池如掌振其敗落三
正殿之滲漏也甃而新之三享殿之傾剝也扶而正之
又爲鐵連環牽之樂尉之垂拱如左右手䄙樓之張好
也如兩翼𡨋中十丈臺每當報賽牙店搆䋱棚其上歲
費二百緡是寧不可一勞永逸爰購民間待價之屋而
鼎新焉經始於七月成於明年正月所生全者幾不可
更僕矣或曰窮黎載道流寇震隣營營神居毋乃非時
務予曰不然四方靡騁民冇力罔所川工日不再食則

饑不死將爲盜耳予有此舉張棨拳者日得一飽是瘵
饑也所餘數錢持歸以見其父母妻子勤動之息覔夜
躹躹而不作他想是弭盜也神福利吾民其或翳予此
志如日水邊樓閣湖上亭臺冶女遊人流連光景則無
論今日修之意不出此想當日創建之意應不出此因
記之以告後之謁斯廟登此樓者

重建表忠祠記　　　　　　　　前　人

三代而上無以死諫者有之自龍逢始公懷明德於既
渺傷天步之將移毅然破喜起之格從夏之先王於地
下自是凡爲臣子多此窮盡一法用雋匪躬遂以攖鱗

爲公得許噫此公之惋慨九原而不欲自白也夫人臣不遂匡君本願亦時事之莫可如何苟從而翹其不道以成已名是無禮於君之大者當日或抱此隱則公之與形俱盡不云自今矣惟不俟回天之力不矜泣鬼之誠侃侃數言殉以七尺使憑吊者深一德之悲下二心之汗自比干繼起而後代有其人一脉孤忠凜然青史是公以一死生天下萬世之爲臣子者也公之死足生天下萬世反不能令後之子孫守家法以盡致身報主之義殆非英爽之可信者故後數千年又有雲長公竭節章鄉事遇合雖殊其揆則一祖孫烈烈心膽同歸然

則寘契易理隱姑射之陽不求仕宦為子明者何以自處於兩公之後哉噫是愈有徵焉者也天之道陰與陽人之道柔與剛龍逢公之以言責也雲長公之以封疆也彼子明何以死哉可鴻毛可泰山關氏之忠賢於是乎大備矣故可祠也是祠為龍逢公所專集世系配之不過以昭其盛此又余記中詳畧之意也祠𠞰於前輩舒公繼於康公歷七十餘年不足蔽風雨爰撤而大之堂與亭殿正門各四楹廊廡各七中表之以坊不敢以一材一役問民間

重修池廟記

國朝　趙如瑾

解池天產美利歷代寶之民生賴焉崇廟貌以答神庥
歲時享獻禮也邇來桑滄萬變郇城篝火初定鴻羽未
戢所存廛肆昔稱肩摩轂擊者今則影相吊矣僅存土
賈昔稱曳紈綺吹笙竽者今則無完襖矣池雖茫茫巨
浸含靈抱秀視昔之積雪百里森錚雲集者頻歲不可
見幸
大清啟運百度維新懷柔百神徧及河岳乃以經國重
計簡余按其事余星馳抵境受事一夕夢天大雨急趨
廟以避廟陋甚不能蔽覺而異之及抵郇後日以雨頻
鹽損爲憂偶視事池上登樓遠眺俄焉千峰雲起風雨

縣至疾趨入廟仰見神色慘黯滲漏滿室宛然蓁中狀
爲之徘徊四顧殿宇滲缺不完柱石殘朽幾類樓閣腐
壞屏牆傾圮荆棘土壤之形殊覺悸怖於心乃與司屬
言曰
朝廷命使臣理財惠民者也民安財裕惟神是賴可令
其風塵雨露不堪對越乎無惑乎池不生花神之怨且
恫也盍修之盍捐資修之遂不憚糾商舉事而商人亦
爭先樂從不募民財不動民工不苛派商賈不借助州
縣閱七餘月而滲者完朽者易腐者新傾者扶三殿各
祠以及廊廡門臺樓閣屏垣俱煥然改觀敢謂足以妥

神明獲福祐哉亦曰神憑依將在是耳値予竣事代歸
略記此俟嗣事者有考焉

重修野狐泉亭記　胡秉忠

凡物可爲觀遊之具者有二問之天成則秀環山水取
諸人力則雅搆亭臺是二者於物有安勉之分而吾人
之以游以觀者其會心亦隨斯而各得然天每不居其
獻勝而人則因利以相須此山水亭臺雖分而若合通
於其故者自知之河東有鹽池以自然之利甲天下琛
宮氷室賈人業之其來久矣池之西傍有蹟曰野狐泉
諸仕游宴憩之所也一隙疏源四甃以沼方堂廚廈層

叠彌深有佳樹以息陰有崇臺以怡眺物之稱者具體而微凡厥所爲以依於泉故因其天成而假以人力也歲月浸遠風雨剝侵曩之方廣者固巋然尚存而不無礎蝕榱崩之患崇臺則欹傾欲墜矣佳樹亦摧刈無餘矣面山止水近延遐矚感慨興焉余以己亥按部過此簿書之暇謀諸共事而一新之且增搆兩亭於沼之東西顏曰枕香涵碧其中植松栢以敞佳蔭移芰荷以助清芬前之落落穆穆者今則堂檻交映垣壘增巖矣夫豈爲飾是觀游之具已哉亦曰盛衰之理今昔不殊使後之繼此者咸興覽而加葺焉則斯泉之亭臺卉木可

以偕鹺池而並永耳是舉也發之者余而成之者李運使諸分曹與有助焉併記而勒諸石

西小池均地立畦議　高夢説

查得永小池傍計地一百二十二畝五分金井池傍地七十三畝三分賈㞗池傍地一百八十七畝五分又東梢地十一畝二分五釐喬家溝有地三十畝四分蘇老池傍地一十五畝各地共計四百二十九畝九分五釐應分之商五百一十三名池地各有肥磽商思揀擇情之常也若每池俱令均分則零星不便經理坐派又非示公今議將地分成五百一十三處每商一名應得地

地八分三釐有畸隨照地形長濶方斜積弓科算務足
八分三釐有畸爲率用阜吾民之財四字每池各用一
字挨編五百一十三號每地一處編爲一號自阜字一
號編起池完换字號數順接至財字五百一十三號止
首永小次金井次賈死喬家溝次蘇老前後編定造成
號册每號寫造竹簽一枚傳集各商當堂自拈該課六
錠者拈籤一枚十二錠者拈籤二枚拈着字號即將商
名註定册上既免目前之趨避更絶日後之爭持又議
西池原無牆垣成鹽必皆露積關防爲難偷竊最易兹
查西禁門相去小池約止二十里搬置稍便應將各商

收獲之鹽委場員逐日盤驗登數具報隨督各商運堆西場以候掣放庶關防看守兩有所藉矣

重修運城記　張鵬翮

河東御史臺與鹽法使者所駐之地曰運城專城也淮浙長蘆鹽司皆隸郡衛非專城其故何哉蓋煮海烟竈延綿沙際防禦增築之事府州𠃵令任之河東鹽池百二十里專屬鹽務官管轄冀豫雍梁四千里民食仰給於此國賦所儲羣商所處諸路所通百物所聚去郡治既遠而解州安邑又城小不足以容城之特建其勢然也城周垣九里四門計一千七百丈肇始於元迄今三

百餘年其間或修或圮前使者勞績猶在

皇上御極二十三年河東鹽使嵩人

上命皋清廉素著者廷臣謬以鵬翮上聞

制曰可恭遇

聖駕東巡臨視闕里鵬翮祗候兖郡

特蒙召見承

恩扈蹕仍留典山東武鄉試事竣之官聚引通鹽恤商利民先皋其綱閱池濬渠厚堨修城尤爲緊要方將次第行之栢臺李公請

旨之檄已下於是捐財用而不費公帑稱畚築而量給

民力平板幹仞溝洫鳩工命日程物興作制不踰舊役
不違時始於康熙二十四年九月明年三月告成凡墉
堞皆甃甎覺樓櫓皆塈丹漆曩之卑者崇狹者廣傾者
植頹者完落成之日登陴四覽竊有感於懷焉夫鹽政
無修城之責然運城廢興乃鹽事大政必際其時得其
人始可事治而政舉嘗南望中條矗立屏障掖連行壓
介山北峙峩嶺環抱汾澮襟其東黃河帶其西城之險
阻可憑也賈旅輻輳償販雲集輸蹄蟠互雜糅於闤闠
間者敏鬬謷㯕不可以無稽也之旁大舜之琴臺在焉
歌南風之詩遐想乎上世自禹　營安邑三代而下牧民

固圉皆以城郭爲先務故周文王作墉於朔方而以南
仲宣王作城於東方而以仲山甫盛世君臣於爲國之
本末先後皆有條理吾故曰必際其時得其人然後事
治而政舉也今天下車書大同
聖天子誕敷文德協和風動治益求治安愈思安日與
公孤坐而論道猗歟休哉可謂際其時矣我柱史勒公
以覺羅奉命來巡圖公以關學出撫三晉河道觀察于
公擢撫畿甸江南中丞湯公晉秩宗伯皆蒙
聖朝不次之用卽大小百執事罔不感發興起刻自砥
礪以自効於

盛世海內額手慶得人焉予萬里孤臣荷
特達之知簡拔督嵯黽勉循分以盡掌筴理財之實去
其不便而行其便愼修厥政期於有成以對揚
休命豈特修城一事已哉然予因補葺敝廢修扞一方
有慕南仲仲山甫之功而予則愧非其人也有負於
聖天子委任之至意多矣遂爲文鏤諸城隅以告後來
者

重修宏運書院碑　康行僩

宏運書院者何貞予曹先生講學地也創宏運書院者
何先生之門人直指李緝敬爲先生講學設也昔在有

明薛文淸講主敬於西北越七十餘年王文成講良知於東南可謂間世一出矣流及隆萬三吳則顧端文江右則鄒忠介關中則馮恭定皆建立書院廣集生徒步武關閩濂洛之前塵以明大道傳正學而先生亦有志道書院在於淮陰未幾而東林黨禍作天啟乙丑丙寅間元黃交戰璫燄方熾先生於時削藉里居弦誦不輟而李公適覘𨱇河東不避形跡捐貲庀材開黌宮東壁而肇造焉且予金若干兩置學田若干頃畝以其租入爲講學會文久遠計以故人莫不賢先生而尤頌述李公於不衰自此而姜王諸君子踵事增華實皆聞李公

之風而興起者也已丑兵燹後人物凋殘雖有吕宗伯
周叅藩兩公相繼董厥事然亦漸凌夷衰微矣余束髮
從師嘗一過之蕭然也長而列膠庠食廪祿又再四過
之閒乎其無人迨解組投林因事而矚眺其間則破瓦
頹垣莽爲兒童嬉戲之場心焉傷之蓋學之不講者已
六十年餘而此地之榛蕪爲已久也今夏我分運王公
忽折東以講學召余謂此曠舉也忻然往至則入門而
望之堦墀修潔廊廡肅清凡牆屋戸牖粉堊輝映登其
堂則几席甚設靜無點埃名聯格語皆懸摹一新而我
公將擁臯比升講座矣余詢之朋儕蓋我公割清奉資

整飭既數月餘則續前修開來學猗猗乎不亦李公之後一人也乎余又微聞公欲復置學田舉祀典夫新田固所望也舊田亦不可沒也曹氏子孫數十年來始一遇公而時乎一失俾將來之湮沒一 如前日不亦大負崇儒重學一段盛心也歟然則披求 故籍以存古人之餘美微公余復誰望耶公諱又樸字 從先直隸天津衛人雍正癸卯名進士由庶常擢銓部 主政復膺
特簡涖今職廉明公正日以宣講
聖諭養士會文爲孜汲蓋休休有大臣氣度而此不過其一斑云爾

河東運司志敘

明　蔣春芳

夫志史乘之流也古昔家有乘國有史今郡邑亦各有志乃運司志何以別諸郡邑余惟志鹽法而不別諸郡邑則安所取之爰汰其不鹽法者比事屬詞彖形匠意蘄於有所取裁陶虞邈矣猶考信於三代爰自周邑叔虞於唐晉是焉因謀去故絳乃徙於鄍代建親賢間以割據若府渤澥之海佐縣官之急則晚近之爲也作建置疆域志叅爲晉星四序之災於是乎禜之晉侯不欽實沈爲祟誰謂天道遠乎其應乃如響作星野志河汾流惡中條藏疾斯鹽池所取潤而托址也雖有他境秩

望在晉作山川志士蔿城屈寘柴焉其晉實應是憎夫狡焉思啟疆者何代蔑有崇墉禁門以儆暴客豈其護實而疎於防也作城池志鄴瑕之虛沃饒而近盬或隸少府或業齊民今之令甲覲若畫一丁課戶役井如也作鹽法志官家賜履錫命繡衣持斧直指之使出矣有司庶長不長厥居各有表於鹺額與晉世卿異矣作制勑監臨秩官志昔郤縠勤禮樂而敦詩書豈以聖哲文物有不翔洽鄉校者聯以學官里選射策之制興焉作學校師儒選舉志祝史薦信皆其族也池神典利公室乃不貪薰風阜財山靈尸之士民近寶規於末利觀風

者不惟順流與之更始奚惟其俗之罪作祠祀風俗志
是地也明聖所都唐虞夏后遞相代謝士生其間蔚然
名世叔季各惟其性之所近節行勳伐亦足述也作帝
王聖臣人物志蓋臣策士抒所內蘊豈遜牟舌氏長歌
短什吹劍自喜要之博物君子也作疏議文章志三晉
技擊孰謂不足當節制少康一旅光復舊物非異人任
安所見輕進易北也而聽其釋氷以遊作武備志生爲
名帝没爲名神中無異物奚所取南山而錮之百世而
下樵採所遊狐兎所宫斯趙文子所爲願作之九原也
漢魏以來梵刹實隆伺吾道失且執牛耳其風實競甘

爲彼弱焉非可令薛相見矣作古蹟墳墓寺觀志斯志也詎能爲龍門子牛馬走但已欲善是姑效顰以附於稗官之侶若藏之名山傳之其人以博不朽則余何敢知因僭序之簡端

重修河東運司志敘　國朝馮達道

史括乎寰瀛志局乎疆畛雖廣狹殊量哉要以統名彙實羅古今於一覽其義同也兩者相較志有三易亦有四難夫志一所司事耳

天子不稱制以斷宰執不秉筆以裁撓掣無人注塗在我一易也地遡則邊幅有所必循職專而蒐討不容旁

獮條例顯設編摩夙成二易也營私無斗米之乞畏皆
無百口之憂參考傳聞便乖實錄三易也雖然藏書石
室志在春秋在官言官何關袞斧門椽可供繕寫紛紜
似訟屠酤則敬慎之難採風未駕於輶軒遺席空煩乎
握槧慨九原之不作問蕘牧以俱湮而况玉步已改鋒
鏑頻仍豈惟杞宋無徵抑恐周官有闕則詳覈之難大
端攸繫保無異同小小抑揚兼存直諱或一事之設有
訕有諛或一人之身乍賢乍佞含毫復閣安所取衷則
審定之難一曲三唱端冕者臥矣片語可了而刺刺不
休又誰能聽之數見苦其不鮮脊拖何如短掉則裁製

之難達之爲是志也初謂易而毅焉以承漸覺其難久
而覺其甚難汗悚蓄朒之不暇本之史才妄欲補前喆
所未逮豈非不自量之過哉及乎臨池以觀乃憮然歎
曰此教我以志之之道者也風行水上煙火絶而珠排
生何其逸也畦而灌之旣暴之以炎曦復沃之以冷泉
又何工也暑露霜飛皚皚彌望一何潔也其甘如飴大
庖之所珍一何腴也捆載積藏萬億及秭又何贍也若
夫霖雨多則凝冱者亦灘然而敗蓋甚惡乎濫也客水
入則主水失位而不敢與爭蓋甚惡乎其冐也限畧而
速取盈則苦惡不諧於口蓋甚惡乎率也顆粒成矣和

之以砂礫鹻硝則大商小賈皆折閱蓋甚惡乎麗也夫志也循前渠則逸謀新搆則工尊木色則潔益之以芳潤則腴索之而諸有畢備則贍因而從乎簡直以除濫清其源流以杜冐多其鍊治以避率歸於質貫以汰麗非史也不猶存史之意與故曰此教我以志之之道者也黽勉從事纂成一編雖其形近似或將菖歜俱陳而厥味無多雜與纁醪並薦聊堪代贋僅勝於無云爾抑余更有說焉夫周禮則亦姬公所以志六官也其於鹽鹽人掌之以供百事及王之膳羞而已地必有賦雖園廛漆林亦賦惟鹽不賦詎惟周漢自武帝以上唐自明

皇以上官無禁焉漢始於孔僅唐始於第五琦最善其
事者莫若劉忠州忠州之筦鹽課也初年入錢六十萬
貫季年十倍而人無怨苦後世以爲美談嘉靖之世遂
有細人從而慕之剝膏脂以豐歲入自謂大有功於國
計按其歲入之數爲官耶爲私耶當時之民怨耶否耶
前者作俑後者效尤日引月長而天下遂脊脊多故故
曰自古言利之說非一大端不出於加賦理財之術非
一大端必不出於加賦
皇朝丙申之制衡多寡而得其中敬而守之萬世無弊
諒無取約束而紛更之者竊願自今以往載筆者流雲

興霞蔚太平有象踵事增華獨於額引額謀則大書於
册曰如前制廣而他省之志鹽政者亦大書於册曰如
前制廣而志司農有藝之征徧及四海者亦大書於册
曰如前制允若兹則一統靈長之祚豈止世三十年八
百而已哉夫爲鹽也志者即爲國也志罣罣愚衷敢告
司帑順治十七年月日

勅修河東鹽法志序　覺羅石麟

考自周禮鹽人掌鹽之政令以供百事之鹽祭祀供其
監鹽散鹽賓客供其形鹽散鹽王之膳羞供其飴鹽監
鹽者味甘而鹹即今河東之池鹽是已則鹽之爲用其

來已久固不始於管子輿鹽筴之論夫鹽爲天地自然
之利佐司農賦稅之供而閭閻黎庶安能淡食是鹽之
有關於國計民生者甚大何郡邑志乘多畧而不載詎
非闕失歟我
皇上以聖人御宇百度維新
命天下鹽臣纂修鹽志以定一代之章程而垂於無窮
甚盛典也初長蘆鹽法志書成鹽臣莽鵠立
題請
御製序文因係畿輔重地蒙
皇上特允所請

睿藻輝煌照耀千古嗣因浙江撫臣李衛遵修兩浙鹽
志進
呈并援例懇請
御製序文經戸部議以鹽課地方甚多若使各處奏請
宸翰似屬太繁查鹽政一切程式典章課額經費其大
者載入會典其詳悉者則地方大吏與董事各員深知
原委今兩浙鹽法志書序文相應卽令該撫李衛撰文
序入奉
旨纂修之由以昭
聖主恤商愛民之至意其已經修成之雲貴鹽志應交

與總督鄂爾泰兩廣鹽志應交與總督孔毓珣甘肅四
川鹽志應交與總督岳鍾琪各撰文一篇其未曾纂修
告成之兩淮鹽志應交與巡撫陳時夏福建鹽志應交
與總督高其倬河東鹽志應交與巡撫石麟各撰文一
篇載入鹽法志書內可也等因於雍正五年八月二十
五日具
奏奉
旨依議欽此欽遵相應行文各該督撫遵奉
旨內事理欽遵并知照兩淮河東鹽政可也臣石麟荷
蒙

聖恩畀以晉撫重任接准部咨隨即欽遵咨准河東鹽
臣碩色移送河東鹽法志齎到臣詳加繙閱按河東禹
貢冀州之域天文參觜分野蓋緣河起西域歸於東海
始流而北迤邐而東經靈朔間詰曲而南郡當左境故
曰河東也明稱平陽府轄三十四州縣我
朝因之雍正二年陞蒲解絳吉等州爲直隸而縣之
屬府者僅三之一雍正六年陞蒲州爲府其實鹽之行
於境內者三十四邑外澤潞而已然而南達淮源西極
汧隴行三省之疆域皆因其地而制宜者也河東鹽產
於池池介解安之交山之麓近安邑者爲東池近解州

者爲西池名雖有二實一池耳廣五十一里袤七里幅員百一十六里渟泓浩渺漣漪映天鹽根附土糾蟠纒結是池也水畜硝板上止數寸以故旱則病枯底深岸高客水易趨以故雨又病潦不枯不潦則日曝水凝而成鹽板南有風洞勝著中條以時薰發出聲隆隆池水被之板上花生鹽顆自是古惟集工撈採收自然之利李唐以後有治畦澆曬之法是以人力代天工矣鹽之品類最夥大約生乎天而成乎人陰爲體而陽爲用故有煮海而成者薊遼山東兩淮廣閩浙之鹽是也有浥水於井成造法同煮海者西蜀滇黔之鹽是也有浥

水沃土或値雨過土白刮淋漉煮而成者㬅井之鹽是也有崖砠崔嵬雨滋日曬積如礬霜刮取卽可充食者階成𪗋鳳之鹽是也更有龍城剛鹵形似蒺藜其下有鹽纍碁而生如異物志所云者巴東朐䏰井在北崖鹽水自凝中突邊鋪狀同傘子如陶宏景所云者再有木鹽依樹蓬鹽依草要之雨露沾濡水爲類矣日火皆陽爍水作味其用仍一節或化成自天人力不與總非二氣磅礴與氤氳之深者不能惟此解鹽曬取雖與廟灣花馬之法同而薰風自南鹽成昕夕作味甘鹹功用神速誠莫之與並矣但池鹽成於水而敗於水欲其成而

無敗惟渠堰是賴渠以洩諸水而導之外出堰以障諸水而防其內入不豫計而爲之所池將潰溢鹽於何有故必乘時濬築俾其深固則治水無非治鹽也是志也爲目二十有六曰鹽池曰禁垣曰畦地曰種治曰渠堰曰山澤曰灘地曰引目曰課額曰商人曰支掣曰運程曰律例曰鹽法曰官職曰運城曰公署曰積貯曰池廟曰祥異曰運學曰武備曰宦蹟曰人物曰疏議曰藝文爲卷一十有二綱舉目張條分縷晰尋原竟委援古証今凡所以護池保鹽疏引裕課庶富敎養之道靡弗備載官斯土者覽是書因其良法美意悉心體察力而行

之其有裨於鹾政𡩋非淺鮮豈僅曰補郡邑志乘之闕
失而已哉敬附一言弁諸簡端使轉運河東之鹽與買
食河東之鹽者皆知
聖天子恤商愛民之至意洵足昭垂於億萬斯年矣雍
正五年月日

解州全志卷之十五　安邑縣運城

藝文

鹽池　　明　顧福

中條山下古鹽池曾被蚩尤一血混之百里光瑩天地寶萬年轉運國家貲漫傳蓬島生珠樹浪說藍田種玉芝之不是星軺巡歷徧誰知造化此般奇

採鹽八章章四句　　朱裳

兩州十縣鹽丁萬餘夏五六月臨池吁且

臨池吁且炎暑薰灼且勤且愼手足俱剝

手足俱剝亦既勞止載饑載渴亦既病止

亦既病止公事靡盬彼此相念豈敢辭苦
豈敢辭苦不日不月豈不懷歸憲法明切
憲法明切不敢離伍陟彼條山瞻望父母
瞻望父母誰共饔飧弱妻稚子憂心如醺
憂心如醺云何歸哉我心悲傷莫知我哀

鹽池　張士隆

何年幻出水晶宫百里盈盈入望中雪滿池頭重綴白
日烘波面淺浮紅塌花聊假輕風力藝草休言煮海功
惟底奇形成斗顆賸勞鬼手與神工

建河東書院　前人

勝地幽深草樹新開先卜築待居憐山連華嶽環三晉
水帶黃河見七津勝有琹書期自得不妨魚鳥日相親
渚蓮徑竹多風月壇杏宮芹與暮春

池行紀景　盧煥

雲落不沙泛晚晴素濤和月靜春聲芝田芮玉平流乳
瓊島飛花亂叠英八駿排風人已往一元浮氣景初成
歸遲野露肩風緊清勝山僧夜半行

嵯海鋪瓊　周禮樂

薄霧漫空紫翠重炎氛鹵氣雨濛濛水連天去無邊白
山過池來一帶紅烈日釀成銀錯落微風吹動玉瓏瓏

嗟予落魄將衰老始識乾坤造化功

中條秀色　前人

層巒絶巘筆難形谷口樵歌更可聽遠樹雲拖千丈綠斷崖天挺一峯青嵐光暖翳芙蓉靨黛色晴開翡翠屏登覽不知歸騎晚滿襟風露遍青冥

運府高槐　前人

漕史曾乘御史驄綠槐猶似識清忠貞姿不改秋霜碧老幹高擎曉日紅翠色滿堦嘶五馬淸陰夾道擁三公當年六月炎蒸裏颯颯凉生萬里風

贊宫古栢　前人

風清芹泮誦聲齊叢栢翻風草樹低翠滴靑衿凝化雨
香浮華袞煥文奎高枝寧畏嚴霜折老節曾經彩鳳棲
切禁梓人休剪伐他年留作九霄梯

晝鬧鯨音　前　人

百尺樓頭玉漏殘疎鐘敲落五更寒喚醒華表初歸鶴
驚起丹山舊舞鸞自是太音涵化育豈同俗樂送悲歡
聲隨大地朝陽滿海嶽晴明宇宙寬

甘泉湛碧　前　人

影涵秋鏡碧澄澄冷激雲根細有聲巨掌劈山分地脉
伏龍潛潤瓉金精光凝鹵海千層白流出靈源一派清

六月炎埃飛不散甘香天與濟蒼生

洪觀靈光　前人

路入丹臺草木香爐烟輕裊拂長廊虹光夜燭雲逵遠
廟食陰符國祚昌靈貺已榮新祀典穹碑仍刻舊封章
居人纍纍蒙庥化古迹猶能説漢唐

珠林佛刹　前人

暖日香飄簷蔔林纖雲晴護半山陰苔封一徑紅塵遠
松偃重門紺宇深古樹有巢歸白鶴祇園無地布黃金
老禪傳得安心法靜閱人間换古今

登河東書院書樓和韻二首　呂柟

謫宦係陰借地幽西風暮雨日登樓慢披黃卷懷元晏忽對青山欲白頭石樹猶新霜後葉山禽久報院中秋當年建置心何壯地是虞鄉與夏州

離城十里地清幽南對中條起玉樓墳典以來俱頻足海山何處可尋頭日斜灰徑緣新雪花暗東籬感舊秋此計讀書蠶半白無材猶愧佐名州

登海光樓　　張　滻

山碧峙孤屏水清橫一帶高閣曉光晴恢恢涵氣概

同何瑞山登海光樓　　蘇　祐

隔歲相逢處高樓並倚時池花翻白玉盤菜裊青絲才

笑今適拙心憐舊總凝春風須盡醉明日有離思

次登海光樓韻　何贊

縹緲危樓上留連芳草時玉波通海氣風柳送金絲眺句長揮巧逃名浪作癡岳陽何處望憂樂動予思

存竹堂　喻時

孤亭無客至石與木蕭森木近琅玕樹石連玳瑁簪四時不改色五月尚生陰每誦淸虛賦深寬聖者心

登見闕樓　前人

煙横見闕樓鎖院一何幽目斷白雲嶂夢過青草洲孤身天萬里多病日三秋榮路寬如海不堪囿鹿愁

河東書院登眺　　前人

怪石攢成九叠屏層樓上倚六符星桐林蕭索秋初冷藤葉陰森地欲暝山繞南康白鹿洞水還東魯赤虹庭我來却愧扶搖力願有鵾鵬飛北溟

海光樓再眺鹽池　　前人

山樓面面通青鳥水窟重重鎖翠陵平浦横拖一匹練廻崖迴結四時冰琉璃田上開金魄霄漢雲中掛玉繩目斷秋空歡不極荻花葦葉瑞烟澄

坐見闕樓對中條山漫述　　前人

小樓斜日已高春坐對條山實氣重薄霧遠迷金粟洞

層雲平起玉霄峰唐虞城闕連青靄秦漢池臺没紫茸安得偃人九節杖飛凌絶頂拾芙蓉

野狐泉亭感秋作　宋儀望

少秉曠達情名區日偃仰一從宦王途遂廢卯壑賞偶此出遨遊聊爾謝煩鞅泉池何瀝泬亭館太疎敞秋風入林木葉落泉迸響聰懷俯層楹延覽觸幽爽流雲蕩軒閣斜日澹疎幌葵榴夾路稀榆柳蔭堤廣游魚何瀺㵝浮藻相依莽撫景眷深懷因之愜遐想棲遲白鹿游迢遞赤城訪遠生如可希長嘯出塵網

遊河東書院次西渠韻　前人

郊原過雨草烟新滿院風光絶四隣深洞細雲依斷壁
曲池流水引通津到來幽徑花仍發坐臥閒房鳥自親
最憶南陽張仲子肯留文藻照青春

鹺池　　劉敏寛

鹽池偃仰鳳城隈萬頃清泠絶點埃北陸既迴銀作浪
南薰載詠玉成堆功分調燮山河壯最奏安攘宇宙開
閑上危樓頻送目更於何處覔蓬萊

海光樓　　前人

岑樓突兀巨鼇擎乘興登臨入太清鹺海平鋪冰鏡展
條山對列翠幃横纔舒遠眺空三界未許豪吟傍五城

試揭簾櫳延灝景無邊虛白等閒生

憶梅堂　曾舜漁

曾見羅浮萬樹梅花時詞客到含杯香風吹醒遊仙夢

恠問春從何處來

午日同梁冲老飲野狐泉　張銓

危亭稜席醉公餘石磴攀緣興自舒魏豹城高開睥睨

野狐泉冷浸芙蕖風傳絕巘中宵響月動氷天萬界虛

最是葵榴驚節候登臨無復問居諸

野狐泉亭招許斯令過飲　國朝陸舜臣

有亭翼然臨遠山有泉冷冷聲潺潺河汾名勝亦多矣

但覺此中天地閒中條平列氣盤鬱倒影繁陰垂翠髮
沆漭海光含羣動素練平鋪映水灣歲久層臺日慘淡
佳木龍蔥怪石頑剝啄殘碑喧鳥雀響答狐鳴幽壑間
主人一旦事豪舉丹艧更新苔蘚斑谿橋磴道何紆折
風流千載不可删勸君斗酒莫辭醉古來興廢數如環
落照當樽歌舞散滿階芳草蔽重關折腰避世皆金馬
不須歸去始開顏孤雲檻外舒復卷任與軒車時往還

登海光樓　　楊愈節

鹽販澤中紫色浮雕甍丹柱翠烟頭天開山黛雲中畫
地湧嵯濤海上樓周禮職方徵歲貢漢廷少府裕邊籌

誰賡解愠薰風韻徒對琴臺憶帝休

帝舜彈琴臺　　毛逵

海光樓下彈琴臺臨池坐對條山隈朱弦一拂天顔開
青桐入手薰風來薰風來自條山裏颯颯微波皺池水
銀山雪浪五月間捲出層氷六十里六十里中水接天
波光直與條山連彈琴臺下霜霰白運阡比井皆鹽田
鹽田不事竈與錡只候條山薰風起但願聖人無疾病
日日登臺調織指我聞彈琴爲阜財八風克諧五音催
太和駘蕩徧九垓鳳凰欲下思徘徊相隨鳳凰喧燕雀
如聖與民同憂樂驩虞豈止在絛𣜩引日微凉生殿角

我來臺上一披襟遶臺拍掌試追尋地下猶作絲桐音
此日如見重華心

鹽池　　馮達道

條山屈曲錦屏遮巧護甘醇碧水窪天遣四時皆積雪
風吹一夕徧生花平欺東海專名府錯認西湖可泛槎
禹貢八州羅貢篚誰知神液富天家

登歌薰樓　　馬纘緒

百尺崇臺結壘樓南風習習送歌謳頻吹錦浪輕颺動
徧起鹽花淺水浮疑是瓊田凝蟹眼恍逢珠彩耀驪頭
憑闌一望滄茫裏瀛海依稀現十洲

登海光樓有感　康如璉

畫棟凌虛十二闌登臨長嘯獨盤桓危峰今古人文秀碧水春秋風雨寒萬頃瓊光眩銀海千畦鮫淚溢珠盤何人不作朱公夢我欲援琴鼓絃蘭

風洞南薰　康行僩

玉洞深深淑氣開薰風一夕自南來揮弦遥對南山色應律如吹葭管灰

書院古木　前人

三聖祠前古木叢從來此地有鵷鴻海濤天籟時時起爲有扶搖萬里風

寧濟秋報　前人

沉災大患昔驅除風馬雲戈霹靂車歲歲高秋勤報賽

神功赫濯萬年餘

惠泉春水　前人

春水一泓清可掬春霖幾度碧光添傍花隨柳闌前立

遙聽畦丁唱採鹽

飛閣疎鐘　前人

瑶池一望水雲平高閣疎鐘斷續鳴何事宵來聲更徹

須知明日海天晴

栢臺曉烏　前人

烏府翔烏聲滿樓栢臺古栢翠相樛上林已借全枝穩
霜夕應啼萬戸愁

運署高槐　　　　　　　前　人

經國堂前綠蔭長爰經雨露冷經霜朝來拄笏看山處
豈止王家三樹芳

虞阪鹽車　　　　　　　前　人

虞阪崎嶇展足難負轅噴沫涉蹣跚世間知己難于阪
惟有孫陽掩淚看

遊野狐泉　　　　　　　前　人

鱗鱗泉皺面簇簇嶺揚眉有客尋幽徑臨風澹所思詠

游魚自得語默鳥相知不須問小有此即是佺池

海光樓避暑　　前人

日午禽聲少幽涼客步停遠嵐千嶂碧疎雨一樓青坦
腹知風力披襟讀酒經漉河汗浹土辛苦正畦丁

鹽池　　薩哈岱

古帝歌薰處功侔煮海奇一泓波浩瀚百里勢透迤大
寶天無吝恒財國是資食關三省重制溯歷朝遺東日
方與候南風乍轉時經營能盡力收穫自如期渠接銀
鋪練畦連玉簇堆雨暘防旱潦賦役給公私
簡命慚攸寄持衡慎所司商微憐困久課鉅恐輸遲緩

急心常繫艱虞分敢辭調和倘有效好慰

九重思

姚暹渠　　前人

百里長渠亘鹽池保障周迴連三縣地總束萬山流一一

汎防寧懈頻年潦莫收狂瀾艱捍禦危堰費培修淤塞

恒滋患因循敢效尤不惟關鹵政且復害田疇形勢宜

詳度端倪更細求限支

天府帑時抱杞人憂工大誠難舉夫多未易鳩達黃開

故道過涑建新邱捐助資商力經營合衆謀芟薪看廣

集畚插喜爭投允矣無旁溢于焉暢下游一勞期永逸

從此奠金甌

冰蘗齋　前人

冰心原自潔蘗味豈能甜畢竟千秋士幾堪二者兼標題垂日久儀度想霜嚴不絀當時績持衡愧治鹽

存竹軒　前人

存竹軒名好檀欒惜不存案塵空白晝窗月冷黃昏殺殺思清籟脩脩想翠痕此君寧可缺吾欲補龍孫

憶梅堂　前人

經始人安在堂猶誌憶梅一枝誰想像千里孰移栽未濟調羹用空煩理燮才牆陰留斷碣捫讀幾徘徊

踏勘姚暹渠工至五姓湖宿延祚寺歸途口占　　前人

一道長渠百里餘年年積潦苦難除周防預作綢繆計好趁春融二月初

古寺曾留一夕眠重來猶憶十年前湖光山色渾依舊歎息霜華已滿顛

杏花未雪柳毵毵穲稏麥青青望已齊豈是尋春歸去晚籃輿行遍短長堤

秋霖夏潦禦防難沙積泥淤堰不完經畫敢辭艱力作一勞長此慶安瀾

重葺院署欽綸樓落成　　前人

傑搆倚層霄欽綸額尚標摧頹經累歲創建溯前朝敗瓦魚鱗蛻飛簷鳳翼翹規模看好在丹碧惜全銷鳩役乘春候庀材卜令朝不辭躬指畫切恐慌飄搖曲擬添廻檻明宜闢洞寮拂塵新堊粉避濕舊塗椒致可歸清雅工寧事繪雕落成欣此日豁目對中條

登海光樓　　宋在詩

飛閣凌霄漢登臨望欲迷淼茫銀海濶卻略翠屏低共食乾坤德誰窺造化倪憑軒圖勝概墨浪與雲齊

海光樓　　劉炯

危樓寂靜海光連壓鎮霙畦一望妍皚皚條山飛紫霧
悠悠滮水激清泉千堆雪異殘冬積百結氷從盛夏堅
聞道此中堪解慍迄今猶是有虞天

書院古木　王思澄

虬幹亭亭歲月深幾枝疎影傍簷陰槎枒獨挺凌霄質
磊落長含太古心曉日峰巒呈黛色夜窗風雨帶書音
只今正值需材日莫向山中老碧岑

秋日海光樓登眺　郭銓

天高氣爽雁行斜醉倚雕欄玩物華畫棟翻飛波外影
簷牙倒臥海中槎泉聲激石鳴秋澗蘆葉嘶風起暮笳

踏碎瓊瑶千萬項平南十里看鹽花

解州全志卷之十六　安邑縣運城

紀事

周穆天子傳戊子至於鹽即今鹽池

漢永始四年三月祀后土於汾陰同安邑顧龍門覽鹽池

元和三年秋八月乙丑車駕幸安邑觀鹽池九月至自安邑

唐正觀十二年二月丁卯車駕觀鹽池

國朝康熙四十二年十一月初八日

聖祖仁皇帝駕幸河東運城萬姓結綵山呼夾道初九

日

駕進中禁門御薫風樓閲視鹽池是日出西禁門

駐蹕解州

雜志

山海經蚩尤作兵伐黃帝黃帝乃令應龍攻之冀州之野應龍畜水蚩尤請風伯雨師縱大風雨黃帝乃下天女曰魃雨止遂殺蚩尤魃不得復上所居不雨叔均言之帝置之赤水之北所欲逐之者令曰神北行先除水道決通溝瀆蚩尤血化爲鹵即今鹽池通志

漢書西域傳云河有兩源一出葱嶺一出于闐在南山下其河北流與葱嶺合東注蒲昌海蒲昌海一名鹽澤者去玉門陽關三百餘里廣三四百里其水停居冬夏不增減皆以爲潛行地下唐崔敖云河源伏脉

豬爲廣斥郭璞云傍峻巒以發源地莁爾而海停吸
靈潤於河汾總膏液於滄涑豈眞陰潛之功融爲巨
浸乎

宋大中祥符七年解州奏解鹽出於池歲收課利以佐
國用近水減鹽少虧失常課此係災異不可不察奏
入上遣使往視還報曰臣見一父老自稱城隍神令
臣奏云爲鹽池之患者蚩尤也忽不見上惟而疑之
顧問左右皆以災異之生有神主之爲言上乃詔近
臣呂夷簡至解州池致祭事訖之夕夷簡夢神人戎
衣怒而言曰吾蚩尤也上帝命我主此鹽池今者天

子立軒轅祠軒轅吾讎也我爲此不平故絶水耳若
急毁之則己不然禍無窮矣夷簡還白其事侍臣王
欽若曰蚩尤邪神也臣知信州龍虎山張天師者能
驅鬼神若令治之蚩尤不足慮也於是召天師赴闕
上與之論蚩尤事對曰自古忠烈之士殁而爲神蜀
將軍關某忠而勇陛下禱而召之以討蚩尤必有陰
助上從其言天師乃卽禁中書符焚之移時一美髯
人環甲佩劍浮空而下拜於殿庭天師宣諭上旨曰
蚩尤爲妖今天子欲命將軍爲民除害如何答曰臣
敢不奉詔容臣會嶽瀆陰兵除之俄失所在忽一日

黑雲起於池上風雷晦暝居人震恐但聞空中金戈鐵馬聲久之雲霧收斂天日晴朗池水如故周匝百里守臣王忠表聞上大悅遣使致祭仍命有司修葺祠宇歲時奉祀平陽府志

明徐越辨鹽池王右軍碑其略曰運判王建中以此碑爲右軍眞筆刻於宋天聖十年壬申十月癸卯余按此碑乃宋人解州鹽池新堰箴并序而字則集晉右將軍王羲之書非右軍筆也鹽法志

池神廟二門有東海栽玉樹西池生金霞聯世傳爲呂純陽筆上有地接天寶額世傳爲韓湘子筆鹽法志

季振宜河東鹽論曰周禮鹽人所謂苦鹽也杜子春讀
苦爲鹽賈公彥曰鹽鹹非苦故杜子春讀苦爲鹽而
不知苦乃鹽之正味爾雅釋言鹹苦也鹹殊極必苦
故以鹽爲苦曲禮鹽曰鹹鹺註曰大鹹曰鹺今河東
鹽池號曰鹺海鹺鹽大鹹故曰苦從經直讀爲苦可
也鹺鹽以硝爲母硝味苦汰硝而取鹽其味自甘刮
鹽而硝存其味則苦帖木兒不花言紅鹽味甘解鹽
味苦亦以解鹽之未去乎硝者言之耳非解鹽之本
味也胡通奉言解鹽結之於風故苦韋紅之鹽產之
於地故甘然解池雖結之於風未嘗不產之於地也

周禮曰以鹹養脉以苦養氣一鹽而水火旣濟五味以和天產美利洵哉鹽法志

縣舊志云嘉靖壬辰冬十二月有虎入鹽池踞林柏下驅之出虎由廟之旁左門深入神祠自陷於重簷夾壁中吏景姓者逐而閉之斃於矢下御史方厓作敘虎以記其事

張岫巡撫遼東勵清節有得其家書帖云稍去紅絹子爲老夫人製袍俟領秋俸再買寄吁巡撫爲母製衣俟領俸乎別無濫取可識矣鄉人寶其帖如乞米帖云舊志

劉崇文爲孝廉時食貧自耨其內子亦質行無兩手供
炊爨以篾之插荆衣敝負戴而行見者不知爲孝廉
夫婦也家徒四壁惟喜讀書歷官銓曹身如寒素與
姚孝廉檟輩動遵古制德禮相尚爲俗所推縣舊志
運城譙樓在司治之左元延祐以來建聖惠鎮新城時
即有譙樓鐘樓明正德已卯御史宋鉞重修即以譙
樓爲鐘樓郇城鐘聲清宵籟靜噌吰亮徹天啓時運
城有一官夜夢一婦人青衣椎髻再拜而前曰妾彭
城金鯨之妻阿童也勞苦震驚百年於兹矣晨當東
遊敢告辭及寤不知所謂及漏盡鼓吏報譙樓鐘啞

擊之不鳴恍然悟 曰是矣乃戒健步曰汝東行遇衣青婦以吾名紙印文納其懷卽返愼勿顧也健卒追奔三十餘里果然遂如所戒歸至暮鐘鳴如故自玆鐘聲雖遠徹然過追及處寂無所聞矣至今運城人傳之鹽法志

楊鷃龍王廟記事云 崇正庚辰七月予督理河東十六日入平定聞三州十縣無麥三十日宿郇城東署是夜風號如哭隱隱百千億萬聲予披衣起問靑衣曰七年不雨斗米錢千三百父子夫妻且相食矣不覺泣下成絶句一首中條山水未秋淸七月猶飛滿面

塵夜半風敲窗紙碎風聲强半是愁聲明日入院焚香禱八月雨九月復雨咸曰七年來無此雨也十一月雪咸曰七年來無此雪也辛巳正月二月不雨鹽土飛黏樹壁如銀署司潞安府同知殷啟賢倉皇告予予復焚香禱幾十日恍惚一老人金晃白鬚自稱龍王謂予曰此地無廟因記其語語生員馬爾健曰果能爲我雨我當廟三月雨四月復雨麥大豐六月七月八月復不雨麥價頓涌久旱之民羣相謂曰死有日矣運長趙邦琦倉皇告予予又焚香禱是夜復夢見而鬚者同予各跨一舟一麾手間沙奔水立予

默念曰此龍王也俄而一小龍爪甲猙獰加予額上
予駭匿托旁一人問故曰爾負約予曰勿多言吾不
負汝因記其語語 運長是日雨越三日又雨四月復
雨咸曰七年來無 此雨也予感而廟述此以示後人